图表解
精益全面生产管理
TPM
推行实例

机械工业出版社
CHINA MACHINE PRESS

全员生产维护（Total Productive Maintenance，TPM）诞生于20世纪六七十年代的日本，随后传到了世界各地。1989年，日本设备维护协会在全员生产维护的基础上，对 TPM 重新进行了定义，这个定义是"Total Productive Management"，即"全面生产管理"。

本书共11章。第1章对 TPM 的发展过程、TPM 的传播进行了简要介绍。第2~11章以案例的形式介绍了如何推行 TPM，包括 TPM 的两个基础管理活动（5S管理、小组活动）及八大支柱（个别改善、自主维护、专业维修、教育训练、初期管理、间接事务、品质维护、安全与环境）的推行。

本书是企业中从事设备管理、生产管理的各层级管理人员的必选读物，也是从事 TPM 推行工作的人员的必备工具书，还可以作为高校设备管理维修专业的参考教材。

图书在版编目（CIP）数据

图表解精益全面生产管理 TPM 推行实例 / 刘大永编著. —北京：机械工业出版社，2021.12（2024.9 重印）

ISBN 978-7-111-69510-3

Ⅰ. ①图… Ⅱ. ①刘… Ⅲ. ①精益生产-生产管理-图集 Ⅳ. ①F273-64

中国版本图书馆 CIP 数据核字（2021）第 223619 号

机械工业出版社（北京市百万庄大街22号　邮政编码100037）
策划编辑：李万宇　　　　　责任编辑：李万宇　马新娟
责任校对：张　征　王　延　封面设计：马精明
责任印制：单爱军
北京虎彩文化传播有限公司印刷
2024 年 9 月第 1 版第 3 次印刷
169mm×239mm • 10.5 印张 • 173 千字
标准书号：ISBN 978-7-111-69510-3
定价：59.00 元

电话服务　　　　　　　　　网络服务
客服电话：010-88361066　　机　工　官　网：www.cmpbook.com
　　　　　010-88379833　　机　工　官　博：weibo.com/cmp1952
　　　　　010-68326294　　金　　书　　网：www.golden-book.com
封底无防伪标均为盗版　　　机工教育服务网：www.cmpedu.com

前言

TPM作为一种企业管理模式能够经久不衰，关键在于企业推行TPM之后能为企业创造价值。

笔者在长期指导企业推行TPM的实践工作中，遇到企业提得最多的问题是，能否提供或分享一些推行TPM的案例，以方便企业参照案例进行TPM的推行。

目前，市场上全部以案例来介绍如何推行TPM的图书很少，大多只是在部分章节中穿插介绍一些案例。本书通过案例系统性地介绍了如何推行TPM，即针对TPM的两个基础管理活动（5S管理、小组活动）及八大支柱（个别改善、自主维护、专业维修、教育训练、初期管理、间接事务、品质维护、安全与环境），全部采用案例来介绍如何推行TPM。

为了满足广大企业的需求，同时也为了使TPM普及化，笔者编写了本书。本书的特点是实用性强、行文简洁、逻辑清晰，对TPM的理论只做简单介绍，主要以案例的形式来阐述如何推行TPM。本书对读者理解TPM具有非常大的帮助，具有极强的参考性，可以对照案例的思路，结合自己企业的实际情况，开展推行TPM的相关活动。

本书在具体编写方面遵循的顺序是"基本概念—推行的目的—如何推行—案例"。在介绍案例时，基本按照"企业简介—活动的背景—活动的目的—活动的指标与目标—活动的计划—活动的内容—活动的成果"的顺序进行介绍。

本书在编写过程中参阅了有关TPM的书籍及文献资料，引用了一些专家及机构的观点，在此对相关书籍和文献的作者以及专家和机构表示真挚的感谢。

感谢机械工业出版社的编辑李万宇老师对本书写作给予的悉心指导。感谢我的夫人，是她在背后默默支持，为我编写本书创造了必要的条件。

在本书的编写过程中，由于时间匆忙，加之水平有限，书中难免有不足之处，恳请广大读者批评指正。

刘大永
于深圳

目 录

前言

第1章　TPM 简介　/1

1.1　TPM 的发展过程　/1
    1.1.1　全员生产维护　/1
    1.1.2　全面生产管理　/3
    1.1.3　全员生产维护与全面生产管理的比较　/4
1.2　TPM 的传播　/5

第2章　TPM 的基础管理活动：5S 管理　/7

2.1　什么是 5S 管理　/7
2.2　推行 5S 管理的目的　/7
2.3　如何推行 5S 管理　/8
2.4　推行 5S 管理的案例　/8
    2.4.1　企业简介　/8
    2.4.2　推行 5S 管理的背景　/9
    2.4.3　活动的目的　/9
    2.4.4　活动的指标与目标　/10
    2.4.5　活动的计划　/10
    2.4.6　活动的内容　/11
    2.4.7　活动的成果　/19

第3章 TPM 的基础管理活动：小组活动 / 21

3.1 什么是小组活动 / 21
3.2 开展小组活动的目的 / 21
3.3 如何开展小组活动 / 22
3.4 组建 TPM 小组的案例 / 22

第4章 TPM 的八大支柱之一：个别改善 / 25

4.1 什么是个别改善 / 25
4.2 开展个别改善的目的 / 27
4.3 如何开展个别改善 / 27
4.4 推行个别改善的案例 / 28
   4.4.1 企业简介 / 28
   4.4.2 小组简介 / 29
   4.4.3 活动计划 / 29
   4.4.4 选择课题 / 30
   4.4.5 现状调查 / 31
   4.4.6 设定目标 / 31
   4.4.7 分析原因 / 32
   4.4.8 确定主要原因 / 32
   4.4.9 制定对策表 / 33
   4.4.10 按对策表实施 / 34
   4.4.11 效果检查 / 35
   4.4.12 制定巩固措施 / 35
   4.4.13 总结并制订下一步计划 / 35

第5章 TPM 的八大支柱之二：自主维护 / 36

5.1 什么是自主维护 / 36

5.2 推行自主维护的目的 / 36

5.3 如何推行自主维护 / 37

5.4 推行自主维护的案例 / 39

 5.4.1 企业简介 / 39

 5.4.2 推行自主维护的背景 / 39

 5.4.3 活动的目的 / 40

 5.4.4 活动的指标与目标 / 40

 5.4.5 活动的计划 / 40

 5.4.6 活动的内容 / 40

 5.4.7 活动的成果 / 50

第6章 TPM的八大支柱之三：专业维修 / 52

6.1 什么是计划维修 / 52

6.2 推行计划维修的目的 / 52

6.3 如何推行计划维修 / 52

6.4 推行计划维修的案例 / 55

 6.4.1 企业简介 / 56

 6.4.2 开展计划维修的背景 / 56

 6.4.3 活动的目的 / 56

 6.4.4 活动的指标与目标 / 57

 6.4.5 活动的计划 / 57

 6.4.6 活动的内容 / 58

 6.4.7 活动的成果 / 73

6.5 什么是故障维修 / 75

6.6 推行故障维修的目的 / 76

6.7 如何推行故障维修 / 76

6.8 推行故障维修的案例 / 76

 6.8.1 企业简介 / 76

6.8.2 开展故障维修的背景 /76
6.8.3 活动的目的 /77
6.8.4 活动的指标与目标 /77
6.8.5 活动的计划 /78
6.8.6 活动的内容 /79
6.8.7 活动的成果 /86

第7章 TPM 的八大支柱之四：教育训练 /87

7.1 什么是教育训练 /87
7.2 推行教育训练的目的 /87
　7.2.1 培养精通设备的操作工 /87
　7.2.2 培养精通设备维修与管理的维修工 /88
7.3 如何开展教育训练工作 /89
7.4 推行教育训练的案例 /91
　7.4.1 企业简介 /91
　7.4.2 推行教育训练的背景 /91
　7.4.3 活动的目的 /91
　7.4.4 活动的指标与目标 /92
　7.4.5 活动的计划 /92
　7.4.6 活动的内容 /93
　7.4.7 活动的成果 /98

第8章 TPM 的八大支柱之五：初期管理 /99

8.1 什么是设备初期管理 /99
8.2 开展设备初期管理活动的目的 /100
8.3 如何开展设备初期管理活动 /101
　8.3.1 维修预防 /101

         8.3.2 建立 MP 信息收集机制 / 102
         8.3.3 明确设备必须具备的优良性能 / 102
         8.3.4 建立设备初期管理体系 / 103
   8.4 开展设备初期管理活动的案例 / 105
         8.4.1 企业简介 / 105
         8.4.2 开展设备初期管理活动的背景 / 105
         8.4.3 活动的目的 / 105
         8.4.4 活动的指标与目标 / 106
         8.4.5 活动的计划 / 106
         8.4.6 活动的内容 / 107
         8.4.7 活动的成果 / 108
   8.5 什么是产品初期管理 / 110
   8.6 开展产品初期管理活动的目的 / 110
   8.7 如何开展产品初期管理活动 / 111
   8.8 开展产品初期管理活动的案例 / 111
         8.8.1 企业简介 / 111
         8.8.2 开展产品初期管理活动的背景 / 112
         8.8.3 活动的目的 / 113
         8.8.4 活动的指标与目标 / 113
         8.8.5 活动的计划 / 113
         8.8.6 活动的内容 / 114
         8.8.7 活动的成果 / 118

第 9 章 TPM 的八大支柱之六：间接事务 / 120

   9.1 什么是间接事务 / 120
   9.2 间接事务部门开展 TPM 活动的目的 / 120
   9.3 间接事务部门如何开展 TPM 活动 / 121
   9.4 间接事务部门开展 TPM 活动的案例 / 122

9.4.1 企业简介 /122
9.4.2 开展 TPM 活动的背景 /122
9.4.3 活动的目的 /123
9.4.4 活动的指标与目标 /124
9.4.5 活动的计划 /124
9.4.6 活动的内容 /125
9.4.7 活动的成果 /127

第10章 TPM 的八大支柱之七：品质维护 /128

10.1 什么是品质维护 /128
10.2 开展品质维护活动的目的 /129
10.3 如何开展品质维护活动 /129
    10.3.1 成立质量维护推行小组 /129
    10.3.2 明确质量维护推行小组的职责 /130
    10.3.3 建立质量构成要因分析表 /130
    10.3.4 建立质量维护运作流程 /133
    10.3.5 统计分析产品质量缺陷数据 /133
10.4 开展品质维护活动的案例 /134
    10.4.1 企业简介 /134
    10.4.2 开展品质维护活动的背景 /134
    10.4.3 活动的目的 /135
    10.4.4 活动的指标与目标 /136
    10.4.5 活动的计划 /136
    10.4.6 活动的内容 /137
    10.4.7 活动的成果 /139

第 11 章　TPM 的八大支柱之八：安全与环境　/142

 11.1　什么是安全与环境　/142
 11.2　开展安全与环境改善活动的目的　/143
 11.3　如何开展安全与环境改善活动　/143
  11.3.1　管理体系的内容　/143
  11.3.2　建立管理体系的步骤　/144
 11.4　开展安全与环境改善活动的案例　/145
  11.4.1　企业简介　/145
  11.4.2　开展安全与环境改善活动的背景　/145
  11.4.3　活动的目的　/146
  11.4.4　活动的指标与目标　/147
  11.4.5　活动的计划　/148
  11.4.6　活动的内容　/148
  11.4.7　活动的成果　/154

参考文献

第 1 章

TPM 简介

1.1 TPM 的发展过程

20 世纪五六十年代，美国制造业首先推行预防性维护（Preventive Maintenance，PM）。PM 是以设备专家为中心，通过设备设计制作及维护方式的改善来实现设备效率最大化。PM 强调在设备设计制作方面进行改善，使设备不容易出故障；同时强调对设备进行检查，有问题就维修，没有问题就不维修。

生产汽车零部件的日本电装，于 1961 年引进了美国的 PM，经过一年的推行，取得了丰硕的成果。日本电装为了配合推行自动化，从 1969 年开始推行"全员参加的 PM（简称 TPM）"，所以说，TPM 最初诞生于日本电装。

1.1.1 全员生产维护

日本设备工程协会（Japan Institute of Plant Engineering，JIPE）在美国式 PM 的基础上，加入日本的构想与理念，提出 TPM 的理念。日本设备工程协会于 1971 年给 TPM 下的定义是"Total Productive Maintenance"，即"全员生产维护"。此时的 TPM 主要在生产部门推行实施，可以理解为"生产部门的 TPM"。全员生产维护之屋如图 1-1 所示。

（1）地基

全员生产维护之屋的最下面部分是地基，由 5S 管理和小组活动两部分构成。5S 管理和小组活动是全员生产维护的两个基石。

5S 管理是 TPM 的第一个基石。5S 是指整理、整顿、清扫、清洁、素养。因为这 5 个词的日语拼音"Seiri""Seiton""Seiso""Seiketsu""Shitsuke"均以"S"开头，故简称 5S。

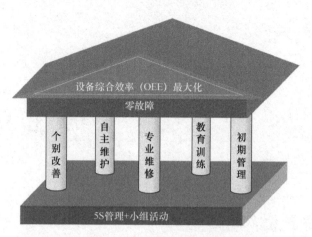

图 1-1 全员生产维护之屋

小组活动是 TPM 的第二个基石。TPM 是采用小组活动来推行的。推行 TPM 的企业，一般会成立公司级的 TPM 推行小组、部门级的 TPM 推行小组、各科室的 TPM 推行小组。

1）公司级的 TPM 推行小组。组长一般由总经理或者主管生产的副总经理担任。这个公司级的 TPM 推行小组，一般会有专职的推行人员 3～4 人。公司级的 TPM 推行小组的组员，一般是各部门的部长。

2）部门级的 TPM 推行小组。组长由部长担任，组员是各个科室的主管。

3）各科室的 TPM 推行小组。组长由各科室的主管担任，组员是各个班组长。

（2）支柱

全员生产维护之屋的中间部分是五大支柱，分别是个别改善、自主维护、专业维修、教育训练、初期管理。五大支柱就是企业在推行全员生产维护时要开展的五个方面的改善工作。这五个方面的改善工作在企业中可以分步骤开展，也可以同时进行。

（3）屋檐

全员生产维护之屋的屋檐是零故障，这是企业推行全员生产维护所追求的目标。

（4）屋顶

全员生产维护之屋的屋顶是设备综合效率（OEE）最大化，这是企业推行全员生产维护最终所追求的目标。

1.1.2 全面生产管理

随着TPM在企业推行的步步深入，人们发现，要想让生产经营系统的效益最大化，必须要让行政支援部门一起参与、共同努力，才能达到目标。所以，日本设备维护协会（Japan Institute of Plant Maintenance，JIPM）⊖ 于1989年在全员生产维护的基础上，对 TPM 重新进行了定义，这个定义是"Total Productive Management"，即"全面生产管理"。全面生产管理强调要在全公司的范围内推行 TPM，实施经营改革。所以，这可以理解为"全公司的 TPM"。全面生产管理之屋如图1-2所示。

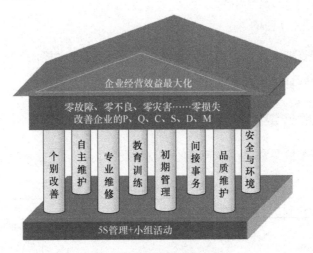

图1-2 全面生产管理之屋

（1）地基

全面生产管理之屋的最下面部分是地基，由5S管理和小组活动两部分构成。

（2）支柱

全面生产管理之屋的中间部分是八大支柱，分别是个别改善、自主维护、专业维修、教育训练、初期管理、间接事务、品质维护、安全与环境。较全员生产维护之屋，它多了间接事务、品质维护、安全与环境三个支柱。这八个方面的改善工作在企业中可以分步骤开展，也可以同时进行。

⊖ JIPE 是 JIPM 的前身。

(3) 屋檐

全面生产管理之屋的屋檐是零故障、零不良、零灾害……零损失,改善企业的 P、Q、C、S、D、M,这是企业推行全面生产管理所追求的目标。

图中 P、Q、C、S、D、M 的含义如下所述:

1) P: Productivity,生产效率。
2) Q: Quality,品质。
3) C: Cost,运营成本。
4) S: Safety,安全(包含环境)。
5) D: Delivery,交期。
6) M: Moral,员工士气。

(4) 屋顶

全面生产管理之屋的屋顶是企业经营效益最大化,这是企业推行全面生产管理最终所追求的目标。

1.1.3 全员生产维护与全面生产管理的比较

全员生产维护与全面生产管理的比较见表 1-1。

表 1-1 全员生产维护与全面生产管理的比较

序号	比较内容	全员生产维护	全面生产管理	比较得出的结果
1	英文组成	Total Productive Maintenance	Total Productive Management	全面生产管理与全员生产维护的英文组成,最后一个单词不一样
2	改善目标	以追求设备综合效率(Overall Equipment Efficiency, OEE)最大化为目标	以追求企业经营效益最大化为目标	全面生产管理较全员生产维护而言,改善的目标要求更高
3	改善对象	以设备寿命周期为对象,建立预防维护体系,追求"零故障"	以整个生产经营系统为对象;追求"零故障、零不良、零灾害……零损失",并将所有损失在事先予以预防	全面生产管理较全员生产维护而言,改善的对象范围更广
4	参与部门	生产部门	从生产部门开始,扩展到研发、营销、行政支援等所有部门	全面生产管理较全员生产维护而言,参与的部门更多

（续）

序号	比较内容	全员生产维护	全面生产管理	比较得出的结果
5	参与人员	从最高管理层到一线员工全员参与	从最高管理层到一线员工全员参与	全面生产管理与全员生产维护对参与人员的要求是一样的
6	活动方式	通过开展小组活动来达成目标	通过开展持续循环的小组活动来达成目标	全面生产管理较全员生产维护而言，在活动方式方面的要求更高

通过表 1-1 所列的 6 个方面的比较，我们可以看出全员生产维护与全面生产管理的主要差异点。两者的主要差异点如图 1-3 所示。

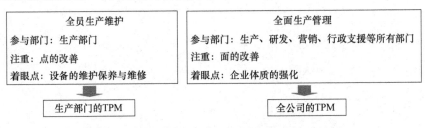

图 1-3　全员生产维护与全面生产管理的主要差异点

通过表 1-1 所列的 6 个方面的比较，我们可以看出全面生产管理包含了全员生产维护的所有内容，并且在内容与范围方面有所扩大。两者之间的这种包含与被包含的关系如图 1-4 所示。

图 1-4　全面生产管理与全员生产维护之间的包含与被包含的关系

1.2　TPM 的传播

日本电装推行 TPM 取得了丰硕成果，随后 TPM 在丰田公司的各个工厂进行推行，并取得了显著成绩。TPM 随后被传播到了日本的各类企业，尤其是设备密集型企业推行 TPM 的效果最为显著。

因为日本企业推行 TPM 的效果显著，所以 TPM 被很多国家和地区认可，迅速传播到了中国、韩国、新加坡、印度尼西亚、芬兰、瑞典、挪威、法国、比利时、葡萄牙、意大利、美国、巴西、哥伦比亚等国家和地区。

第 2 章

TPM 的基础管理活动：5S 管理

2.1 什么是 5S 管理

5S 是指整理（Seiri）、整顿（Seiton）、清扫（Seiso）、清洁（Seiketsu）及素养（Shitsuke）。因为这 5 个词的日语拼音均以"S"开头，故简称 5S。5S 的含义见表 2-1。

表 2-1 5S 的含义

5S	含 义
整理	对现场的物品区分成"要的"与"不要的"两类，要的留下，不要的从现场移走，妥善处置
整顿	对需要留在现场的物品，在指定的位置摆放整齐，画定位线并张贴标志予以标识
清扫	对现场的环境及物品，定期进行彻底的清扫，保持整洁干净，并解决在清扫中发现的问题
清洁	将上面的3S活动（整理、整顿、清扫）定期、重复地做，维持3S活动的成果
素养	员工遵章守纪，养成良好的工作与生活习惯

按照 5S 的要求对现场进行管理，称为 5S 管理。

2.2 推行 5S 管理的目的

企业推行 5S 管理主要达到以下 3 个方面的目的：

1）获得客户及社会的满意评价，提升客户及社会对企业管理水平的信心。

2）现场井然有序，使人一目了然。员工工作效率提高，出错率下降，安全事故降低。

3）企业受益。现场管理规范有序，产品品质稳定，成本降低。

2.3 如何推行 5S 管理

企业推行 5S 管理，按以下 8 个步骤进行：
1）建立推行组织，明确岗位职责。
2）编制推行计划。
3）5S 理念与推行方法分层培训。
4）划分 5S 责任区域。
5）建立 5S 标准。
6）开展 5S 活动。
7）5S 的定期检查评比。
8）总结、改善与激励。

2.4 推行 5S 管理的案例

下面介绍××文具公司开展 5S 管理活动的过程。××文具公司通过推行 5S 管理，打造出了同行业的标杆制造现场。

2.4.1 企业简介

××文具公司成立于 2005 年，是专业生产订书机等文具的企业。该公司秉承"没有质量就没有尊严"及"一切活动为客户"的经营理念，为广大客户提供优质的产品与服务。××文具公司的产品（部分）如图 2-1 所示。

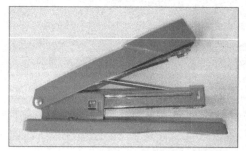

图 2-1　××文具公司的产品（部分）

2.4.2 推行5S管理的背景

××文具公司导入5S管理之前，在部分制造现场，有最基本的通道画线、可视化、定置化的管理，如图2-2所示。

图2-2 最基本的通道画线、可视化、定置化的管理

××文具公司的制造现场，距离优秀制造现场的要求有非常大的差距。现场在人、机、料、法、环方面，状态不明白、不清晰。现场物品放置杂乱、无序，如图2-3所示。××文具公司的现场管理改善空间巨大。

图2-3 现场物品放置杂乱、无序

2.4.3 活动的目的

××文具公司为了提升企业管理水平，决定导入TPM的5S管理，提升企业的现场管理水平。导入5S管理活动的目的具体体现在以下几个方面：

1）满足高端客户来参观、考察及审核的需要。

2）提升企业形象，获得来参观、考察的社会嘉宾的满意评价。

3）让员工在舒适、安全的环境中工作，提高工作效率。

4）稳定产品品质，降低制造成本。

2.4.4 活动的指标与目标

针对××文具公司的实际情况，提出"以实施可视化、定置化为主线"的5S管理推行思路。在2019年一年的时间内，将工厂的制造现场、办公现场打造成文具行业现场管理的标杆。每个部门培养出2个合格的5S推行专员。

2.4.5 活动的计划

2019年，××文具公司开展5S管理活动的计划见表2-2。

表2-2 开展5S管理活动的计划

序号	工作内容	1月	2月	3月	4月	5月	6月	7月	8月	9月	10月	11月	12月
1	明确5S管理推行的组织架构及工作职责	△											
2	召开5S管理推行项目启动会	△											
3	5S管理导入培训	△											
4	客户参观通道的规划及实施	△	△	△	△	△							
5	文具生产车间5S管理实施		△	△	△	△	△	△	△	△	△	△	△
6	设备维护保养标准建立并实施		△	△	△	△	△	△	△	△	△	△	△
7	仓库5S管理推行并实施		△	△	△	△							

（续）

序号	工作内容	1月	2月	3月	4月	5月	6月	7月	8月	9月	10月	11月	12月
8	工厂内道路交通规划及实施						△	△	△	△	△	△	△
9	公共区域看板、车间看板的设计及实施						△	△	△	△	△		
10	工厂公共区域5S管理实施						△	△	△	△	△	△	△
11	车位规划及实施						△	△	△	△	△	△	△
12	办公区域5S管理的实施						△	△	△	△	△	△	△
13	宿舍区域5S管理的实施						△	△	△	△	△	△	△
14	食堂区域5S管理的实施						△	△	△	△	△	△	△
15	推行成果展示											△	
16	结题会议											△	

注：活动计划表中通常用"△"代表计划，"≡"代表已经完成，"—"代表正在实施（"≡"和"—"表中未涉及），下同。

2.4.6 活动的内容

（1）建立推行5S管理活动的组织架构

为推行5S管理活动而建立的组织架构，如图2-4所示。

5S管理活动组织架构中的各岗位职责，见表2-3。

（2）公共区域5S管理规划及实施

对公共区域，如道路、花圃、球场、停车位等进行5S管理规划及实施。公共区域5S管理改善的例子如图2-5、图2-6所示。

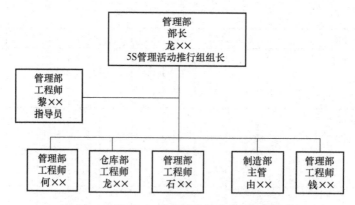

图 2-4 为推行 5S 管理活动而建立的组织架构

表 2-3 组织架构中的各岗位职责

序号	岗位名称	职责
1	管理部（部长，龙××，5S 管理活动推行组组长）	统筹 5S 管理活动推行组的工作，制定推行的指标与目标，协调公司的人、财、物资源，确保 5S 管理活动推行成功
2	管理部（工程师，黎××，指导员）	5S 管理活动推行方案策划，咨询指导（如 5S 管理导入培训等）。负责召开月度项目例会
3	管理部（工程师，何××，组员）	负责办公区域 5S 管理的实施，客户参观通道的规划及实施等
4	仓库部（工程师，龙××，组员）	仓库 5S 管理推行并实施
5	管理部（工程师，石××，组员）	负责公共区域的 5S 管理推行工作
6	制造部（主管，由××，组员）	负责文具生产车间 5S 管理实施，设备维护保养标准建立并实施
7	管理部（工程师，钱××，组员）	负责食堂、宿舍等区域的 5S 管理推行工作

a）改善前

b）改善后

图 2-5 利用建筑物的墙体做企业宣传

a) 改善前　　　　　　　　b) 改善后

图 2-6　厂区道路交通规划实施

（3）文具生产车间 5S 管理设计及实施

对文具生产车间进行 5S 管理设计及实施。文具生产车间 5S 管理改善的例子如图 2-7～图 2-9 所示。

a) 改善前　　　　　　　　b) 改善后

图 2-7　对车间进行区域划分

a) 改善前　　　　　　　　b) 改善后

图 2-8　对车间美化并进行区域划分

a) 改善前　　　　　　　　　　b) 改善后

图 2-9　对设备进行维护保养

（4）仓库 5S 管理推行及实施

对仓库进行 5S 管理推行及实施。以改善密封圈的储存摆放方法为例，如图 2-10 所示：改善前，橡胶圈类零件分散摆放且竖放，占用空间较大。改善后，将橡胶圈类零件集中放置，设置挂钩悬挂，节省货架，一目了然。

a) 改善前　　　　　　　　　　b) 改善后

图 2-10　改善密封圈的储存摆放方法

（5）对办公区域进行 5S 管理设计及实施

对办公区域进行 5S 管理设计及实施。举例如图 2-11 所示。

（6）对参观通道进行打造

1) 对参观线路进行规划。××文具公司对自身的参观线路进行了系统性的规划，其中主车间的参观线路规划简图如图 2-12 所示。

2) 对每个参观点设置看板进行介绍。××文具公司对每个参观点设置看板进行介绍。1 号生产线看板的设计简图如图 2-13 所示。

a) 改善前　　　　　　　　　b) 改善后

图 2-11　对办公室的楼梯进行可视化

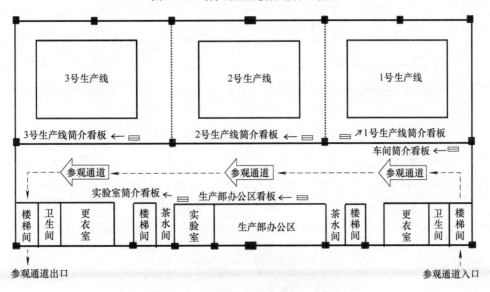

图 2-12　主车间的参观线路规划简图

3）对每个参观点的解说词予以标准化。××文具公司对每个参观点在向参观人员介绍时，将解说词予以标准化。对 1 号生产线介绍的解说词如下：

1号生产线的参观解说词

尊敬的各位领导、各位来宾：

　　大家好！热烈欢迎各位光临我们公司参观指导。我是×××，今天由我带领大家参观 1 号生产线。首先，我向大家介绍一下 1 号生产线的基本概况……

> 各位领导、各位来宾，1号生产线的参观到此结束，谢谢大家的关注与支持。我们下一个参观点是2号生产线……

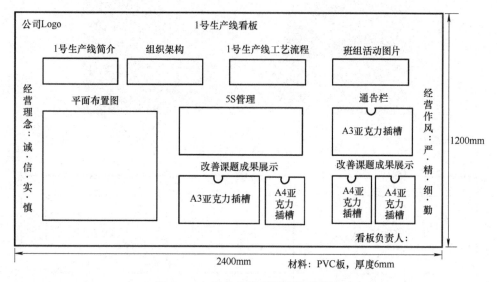

图 2-13 1号生产线看板的设计简图

4）参观点沿途张贴标语营造氛围。××文具公司在参观点沿途张贴一些标语，宣传公司的使命、愿景、价值观及经营理念，并且起到营造氛围的作用。举例如图 2-14 所示。

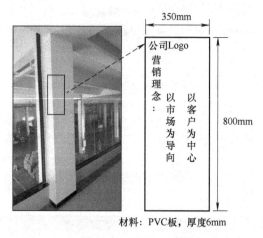

图 2-14 营造氛围的标语

（7）建立可视化标准并予以落地实施

××文具公司为了使管理变得简单、透明、有效率，建立了可视化标准，将管理对象以形象、直观的视觉信号予以表现，让大家一看就明白，一目了然。

××文具公司在建立可视化标准之前，各种管理对象的标示没有统一的标准，以垃圾桶为例，如图 2-15 所示。

图 2-15　垃圾桶的标示标准不统一

在建立可视化标准之后，各种管理对象有了统一的标示标准。垃圾桶的可视化标示标准如图 2-16 所示。

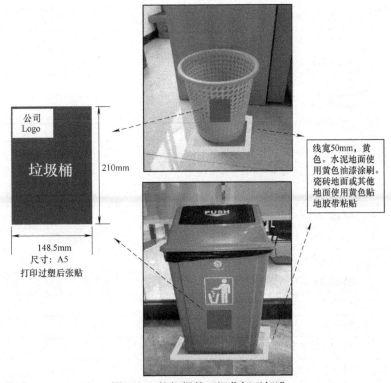

图 2-16　垃圾桶的可视化标示标准

××文具公司总共为37项管理对象建立了可视化标示标准，清单见表2-4。

表2-4 可视化标示标准清单

序　号	标　示　标　准
1	管道内介质及流向的标示标准
2	可移动楼梯定置放置的标示标准
3	流量计浮球位置可视化的标示标准
4	防护罩内皮带或链条旋转方向的标示标准
5	清洁工具放置的标示标准
6	清洁用压缩空气管放置的标示标准
7	手动叉车放置的标示标准
8	水杯和碗放置的标示标准
9	物品放置柜（多格柜）的标示标准
10	洗手池提示语的标示标准
11	参观通道铁质楼梯安全警示的标示标准
12	纸巾盒的标示标准
13	按钮及指示灯的标示标准
14	电动叉车充电柜放置的标示标准
15	电动叉车放置的标示标准
16	电机及联轴器旋转方向的标示标准
17	单、双开门打开方向可视化的标示标准
18	灭火器及消防栓前禁放物品的标示标准
19	指针刻度仪表范围的标示标准
20	警告标志的英文翻译成汉语
21	碎纸机定位及标示标准
22	电话机定位及标示标准
23	多层式文件架定位及标示标准
24	多格式文件框定位及标示标准
25	各类文件柜、办公桌的标示标准
26	墙角防撞警示的标示标准
27	步行楼层的标示标准
28	电梯楼层的标示标准

(续)

序 号	标 示 标 准
29	电子秤定位及标示标准
30	关键阀门开关状态的标示标准
31	工具柜定置及标示标准
32	各类垃圾桶的标示标准
33	物品暂存区的标示标准
34	设备计划检修公示牌的标示标准
35	××文具公司标示线画线规范
36	照明配电箱的标示标准
37	报警灯亮所代表含义的标示标准

××文具公司将各项管理对象的标示标准汇集成册，编成《可视化标准汇编》。《可视化标准汇编》的封面设计稿如图2-17所示。

图2-17 《可视化标准汇编》的封面设计稿

2.4.7 活动的成果

1) 企业从里到外，包括生产区域、办公区域及公共区域等都发生了非常大的变化。

2) 来企业参观、考察及审核的高端客户非常满意。

3) 员工的工作环境得到改善，员工能够在舒适、安全的环境中工作。

4）员工养成了良好的工作与生活习惯，自觉维护开展 5S 管理活动取得的成果。

5）××文具公司的制造现场达到了同行业的标杆水平，来参观、考察的同行给予了很高的评价，纷纷表示要向××文具公司学习。

6）通过开展 5S 管理活动，××文具公司培养了一批 5S 管理的优秀人才。11 个部门共有 22 人（每个部门 2 人）通过考核，获得 5S 推行专员的资格证书。

第 3 章

TPM 的基础管理活动：小组活动

3.1 什么是小组活动

TPM 的小组活动是指以企业的组织架构为基础，分别建立企业级、部门级、班组级的 TPM 推行小组，对课题遵循 P（Plan，策划）、D（Do，执行）、C（Check，检查）、A（Action，改善）的闭环原则开展改善活动。

3.2 开展小组活动的目的

开展小组活动的目的是完成改善课题。

企业年度方针目标分解与年度改善课题的关系如图 3-1 所示。

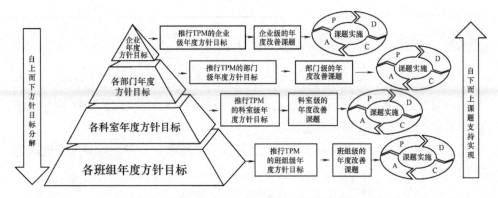

图 3-1　企业年度方针目标分解与年度改善课题的关系

由图 3-1 可以看出，由企业的年度方针目标形成推行 TPM 的企业级年度方针目标，梳理出相应的年度改善课题。举例如图 3-2 所示。

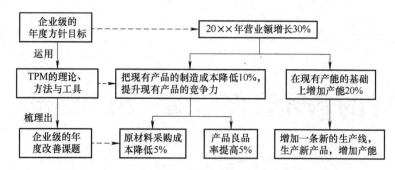

图 3-2　企业级的年度方针目标到年度改善课题的过程

由图 3-1 还可以看出，推行 TPM 的目的是支持企业级、部门级、科室级、班组级方针目标的实现，如图 3-3 所示。

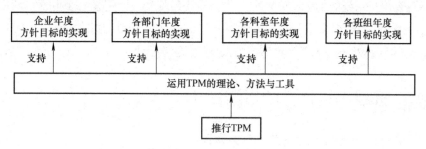

图 3-3　推行 TPM 支持企业方针目标的实现

3.3　如何开展小组活动

1）成立小组。以企业的组织架构为基础，分别建立企业级、部门级、科室级、班组级的 TPM 推行小组。TPM 推行小组的特点是：上一级 TPM 推行组织的组员是下一级 TPM 推行组的组长。

2）遵循 PDCA 闭环开展小组活动。对课题遵循 PDCA 的闭环原则开展改善小组活动。

3.4　组建 TPM 小组的案例

××公司推行 TPM，组建了如图 3-4 所示的小组。

第3章 TPM的基础管理活动：小组活动

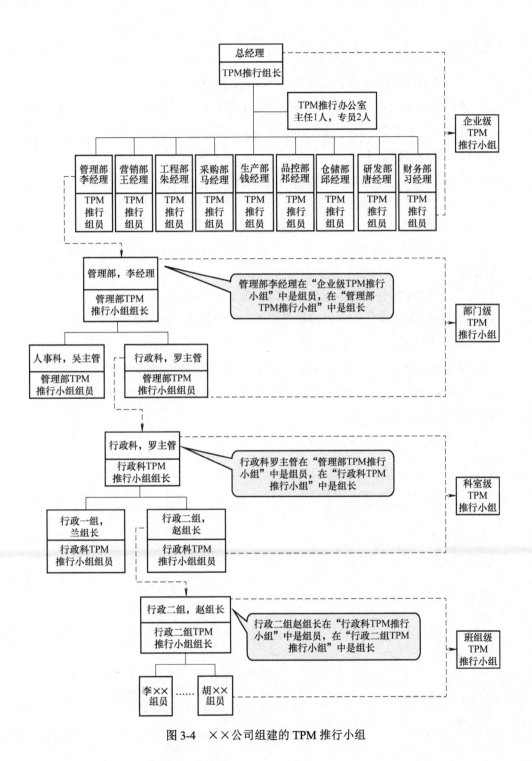

图3-4 ××公司组建的TPM推行小组

对图 3-4，做以下几点说明：

（1）以管理部作为例子介绍各级 TPM 推行小组

部门级 TPM 推行小组、科室级 TPM 推行小组、班组级 TPM 推行小组，只以管理部作为例子进行了介绍，其他部门省略了。

（2）总经理的职责

总经理作为企业级 TPM 推行小组的组长，是 TPM 推行的发起人，他的职责主要包括以下几个方面：

1）指导建立 TPM 推行组织，指派和任命相关责任人。

2）负责提供必要的资源（如人、财、物），以确保 TPM 推行工作持续有效地推行。

3）对 TPM 推行工作给出指导思路，提出工作要求。

4）审批 TPM 推行的方针目标及相关的管理制度（如 TPM 推行激励方案）。

（3）TPM 推行办公室的职责

TPM 推行办公室是 TPM 推行的主导部门，主要职责包括以下两个方面：

1）出谋划策。负责 TPM 推行的总体策划，编制 TPM 推行的年度计划并负责落实。

2）指导、督促、检查部门级、科室级及班组级 TPM 推行小组的工作。

第 4 章

TPM 的八大支柱之一：个别改善

4.1 什么是个别改善

我们通过一个案例来说明什么是个别改善。

××公司属于机械加工行业，总结出影响生产效率的 13 种损失，如图 4-1 所示。

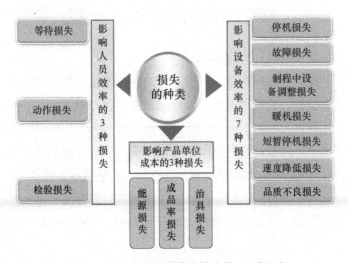

图 4-1　××公司影响生产效率的 13 种损失

影响设备效率的 7 种损失如下所述：

1）停机损失。设备因为各种原因停机造成的损失。
2）故障损失。设备因为故障停机造成的损失。
3）制程中设备调整损失。生产过程中因为对设备进行各种调整造成的损失。

4）暖机损失。暖机时间是指设备从接通电源到能正常工作的这一段时间。暖机时间越短越好。暖机时间越短，设备的利用率越高，损失就越小。

5）短暂停机损失。生产过程中因为各种原因导致短暂停机造成的损失。

6）速度降低损失。速度降低损失是指设备的工作转速达不到预先的设计转速，导致设备的产能达不到设计的要求，从而造成的损失。

7）品质不良损失。生产出来的产品有不合格品，由此造成的损失。

影响人员效率的3种损失如下所述：

1）等待损失。比如，设备可以使用，但是没有原材料，导致无法生产，这就会造成损失。工作中处处等待上级的指示，设备坏了等待维修等，都会造成损失。

2）动作损失。动作损失是指那些在工作中不符合动作经济原则的动作，导致员工工作效率低下，或员工的劳动强度增加。比如，工作时员工必须频繁弯腰，或者频繁转身等。

3）检验损失。产品检验是不增加价值的工作，应该尽量减少产品的检验工作。

影响产品单位成本的3种损失如下所述：

1）能源损失。能源损失是指单位产品的能耗偏高，超出额定值。

2）成品率损失。成品率损失是指由于产品的成品率偏低，造成单位产品的成本偏高。

3）治具损失。治具是指机器生产过程中所使用的工装夹具。治具损失是指由于工装夹具存在这样或那样的问题，导致单位产品的成本偏高。

在××公司中，针对图4-1所示的13种损失设立课题开展改善活动，将各种损失消除，或者将各种损失导致的影响降到最低，这种课题改善活动就是个别改善。

另外，在××公司中，除了针对影响生产效率的损失开展改善活动外，还会针对其他存在的问题，设立课题开展改善活动。比如，采购部门开展降低原材料采购成本的课题改善活动，销售部门开展提高顾客满意度的课题改善活动，研发部门开展缩短产品研发周期的课题改善活动，财务部门开展提高货款回收率的课题改善活动等，都属于个别改善。

4.2 开展个别改善的目的

在企业中，针对各种存在的问题，围绕改善生产效率、品质、运营成本、安全（包含环境）、交期、员工士气（P、Q、C、S、D、M）而开展的各种课题改善活动，都是个别改善，开展个别改善的目的就是改善企业的 P、Q、C、S、D、M。

4.3 如何开展个别改善

开展个别改善，包括 10 个工作步骤，这 10 个工作步骤分别是选择课题、现状调查、设定目标、分析原因、确定主要原因、制定对策表、按对策表实施、效果检查、制定巩固措施、总结并制订下一步计划。实际上，这 10 个工作步骤是一个 PDCA 循环，如图 4-2 所示。

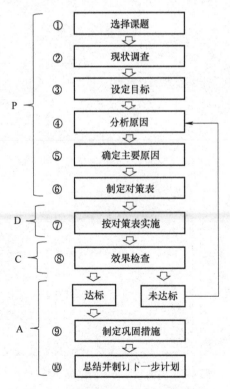

图 4-2　个别改善工作的 PDCA 循环

4.4 推行个别改善的案例

下面是深圳××公司通过开展个别改善，降低注塑机模具更换时间的案例。

4.4.1 企业简介

深圳××公司的主要产品是各类塑料管件，比如90度塑料弯头、塑料直通、塑料三通等。另外，该公司还生产各类开关底盒、开关面板等电工类的塑胶产品。深圳××公司的注塑车间共有各类注塑机150台套，车间共有170人，其中维修工8人。该公司实行的是三班倒连续生产。

深圳××公司注塑车间的一角如图4-3所示。

图4-3 深圳××公司注塑车间的一角

深圳××公司的产品（部分）如图4-4所示。

  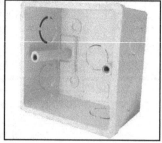

图4-4 深圳××公司的产品（部分）

4.4.2 小组简介

缩短注塑机换模时间改善小组的基本情况见表4-1。

表4-1 改善小组的基本情况

小组名称	××小组	课题名称	降低注塑机换模时间		
注册日期	2018年12月1日	注册号	QCXZ-20181201-×××		
活动时间	2018年12月—2019年7月	活动次数	10	出席率	100%
课题类型	现场型	部门	注塑车间	小组人数	10
活动口号	关注细节，踏实改善，齐心协力降时间！				

缩短注塑机换模时间改善小组成员的基本情况见表4-2。

表4-2 改善小组成员的基本情况

姓 名	文化程度	年龄	职务	组内分工	组内职务
王××	本科	40	主管	选择课题、设定目标	组长
于××	大专	26	工程师	小组活动开展的指导	指导员
张××	大专	31	班长	统筹实施	副组长
温××	大专	26	文员	会议记录、数据统计、报告撰写等	统计员
王××	高中	34	员工	分析原因、确定主要原因	组员
孙××	大专	25	员工	针对主要原因，制定对策表	组员
李××	中专	29	员工	按对策表实施	组员
郭××	高中	28	员工	按对策表实施	组员
肖××	初中	21	员工	按对策表实施	组员
孙××	中专	25	员工	效果检查及反馈	组员

4.4.3 活动计划

活动计划见表4-3。

表4-3 活动计划

活动内容		活动时间							负责人
		12月	1月	2月	3月	4月	5月	6月	7月	
P	选择课题									组长
	现状调查									组长

（续）

活动内容		活动时间							负责人
		12月	1月	2月	3月	4月	5月	6月	7月	
P	设定目标									副组长
	分析原因	△								组长
	确定主要原因	△								组员
	制定对策表	△								组员
D	按对策表实施		△	△	△	△				组员
C	效果检查						△			组员
A	制定巩固措施							△	△	组员
	总结并制订下一步计划								△	组员

制表：张××。日期：2018年12月1日。审核：王××。日期：2018年12月2日。

4.4.4 选择课题

2018年1月—11月的换模时间如图4-5所示。

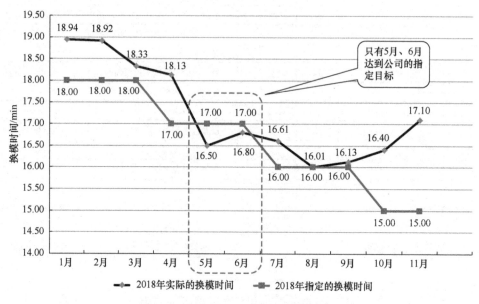

图4-5 2018年1月—11月的换模时间

从图4-5可以看出，2018年实际的换模时间，除5月、6月达到公司的指定目标外，其余月份均高于指定目标。2019年，随着M600项目的投产，换模频次将大大增加。缩短换模时间已经刻不容缓。所以，选定降低注塑机换模时间作为课题进行个别改善。

4.4.5 现状调查

通过拍摄视频对时间进行监测，××小组发现，现场操作存在很多浪费，比如等待浪费、多余动作浪费等。

拍摄视频对时间进行监测的结果见表4-4。

表4-4 拍摄视频对时间进行监测的结果

工作内容	时间/s
安装模具，锁紧模块	44
完成管线分离，关闭安全门	40
将抓手放置到位，抓取下一产品，抓手移动至机台	112
等待接管线，通知开模并准备清洗模具	100
射料	41
等待第一件合格品	47
对接顺序并检查	118

4.4.6 设定目标

完成现状调查后，小组讨论制定换模时间的目标。2018年11月的换模时间是17.1min，公司要求2019年7月达到的指定目标为13.1min，××小组设定要达到的挑战目标为11.1min。如果达到挑战目标，换模时间将下降35%。

换模时间改善目标设定如图4-6所示。

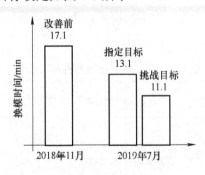

图4-6 换模时间改善目标设定

4.4.7 分析原因

××小组分析换模时间长的原因。小组开会实施头脑风暴，采用鱼骨图从人、机、料、法、环等环节查找原因。经过小组成员分析后绘制的鱼骨图如图4-7所示。

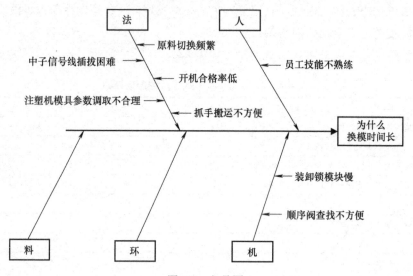

图4-7 鱼骨图

鱼骨图分析要一层一层地进行，原因分解到不能再分解时，即找到了末端原因。末端原因可以直接采取改善措施。

4.4.8 确定主要原因

小组成员通过头脑风暴找出的末端原因，经过验证确认后，分析出换模时间长的主要原因，见表4-5。

表4-5 换模时间长的主要原因

序号	末端因素	验证依据	验证方法	验证结果	验证人	验证日期	是否是主要原因
1	抓手搬运不方便	标准作业组合票	工序重组	提前准备抓手到注塑机旁边，可节省换模时间55s	李××	2018年12月5日	是

(续)

序号	末端因素	验证依据	验证方法	验证结果	验证人	验证日期	是否是主要原因
2	员工技能不熟练	换模人员的岗位技能要求	岗位技能矩阵图	换模人员的岗位技能达到二级	李××	2018年12月11日	否
3	装卸锁模块慢	标准作业组合票	秒表计时	员工在装卸锁模块时，旋转时间约44s，可节省12s	于××	2019年1月8日	是
4	原料切换频繁	取消空射料后的产品质量	取消原料切换后的空射料	取消原料切换后的空射料，可节约换模时间700s，不影响产品质量	李××	2019年2月21日	是
5	注塑机模具参数调取不合理	现场跟踪	现场跟踪	无明显效果	于××	2018年12月10日	否
6	开机合格率低	跟踪开机后的产品状态	数据统计、工艺优化	提升开机合格率，节约首检时间	于××	2018年12月15日	是
7	中子信号线插拔困难	不同人员进行反复插拔	现场观察	插拔困难	张××	2019年2月20日	是
8	顺序阀查找不方便	现场操作	现场观察	顺序阀过多，员工不能准确判定顺序阀的准确插拔位置	张××	2018年12月21日	是

4.4.9 制定对策表

针对主要原因制定对策表，见表4-6。

表 4-6 对策表

序号	主要原因	对策	目标	措施	地点	完成日期	责任人	检查人
1	抓手搬运不方便	取消抓手搬运	消除员工搬运抓手的走动时间	制作抓手搬运小车,并且在换模前将抓手提前准备到注塑机旁边	注塑车间	2019年1月20日	孙××	李××
2	装卸锁模块慢	制作工装,降低员工操作时间	将装卸时间降低12s	制作工装,员工在装卸时省时省力	注塑车间	2019年3月1日	王××	李××
3	原料切换频繁	取消原料切换	原料切换时间为0	现场跟踪验证	注塑车间	2019年3月1日	温××	李××
4	开机合格率低	工艺优化	开机报废降为1件	对产品进行工艺优化	注塑车间	2019年2月6日	温××	李××
5	中子信号线插拔困难	更改插拔接口装置	降低插拔时间	对模具进行优化	注塑车间	2019年3月21日	王××	李××
6	顺序阀查找不方便	制作简易工装,方便员工查找	方便员工拿取顺序阀	制作工装,将顺序阀进行固定	注塑车间	2019年3月15日	王××	李××

4.4.10 按对策表实施

我们仅简单介绍主要原因"装卸锁模块慢"的对策实施情况。其余原因的对策实施过程,这里不再介绍。针对"装卸锁模块慢"的对策实施情况,如图4-8所示。

 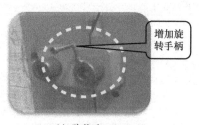

a) 改善前　　　　　　　　b) 改善后

图 4-8　针对"装卸锁模块慢"的对策实施

4.4.11 效果检查

按对策表实施后,注塑车间的换模时间如图4-9所示。

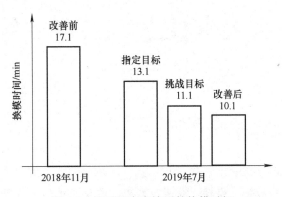

图4-9 按对策表实施后的换模时间

从图4-9可以看出,自2018年11月开展个别改善,到2019年7月活动结束,换模时间由17.1min降低到10.1min,达到并超过挑战目标。换模时间实际降低幅度为41%。

4.4.12 制定巩固措施

针对有效的措施及时巩固并标准化。比如,把"中子信号线插拔困难"的改善过程以一点课(One Point Lesson,OPL)⊖的形式呈现,培训所有换模人员与维修人员,并将其写入换模的作业指导书中。

4.4.13 总结并制订下一步计划

××小组在进行个别改善取得已有成绩的基础上,提出了下一步的个别改善计划,即2019年9月—2020年3月,将换模时间降低至8min。

⊖ 一点课(One Point Lesson,OPL)是指在现场进行培训的教育方式。

第 5 章

TPM 的八大支柱之二：自主维护

5.1 什么是自主维护

设备操作工以"我的设备我维护，我的区域我负责"为目的，对自己所操作的设备实施日常的清扫、点检、润滑、紧固、调整及小故障处理等工作，对自己所负责的区域实施 5S 管理的工作，被称作"自主维护"。

5.2 推行自主维护的目的

（1）操作工与维修工工作融洽、和谐

在传统的企业中，操作工与维修工的关系是"我操作，你维护"，即操作工只负责操作使用设备，维修工只负责设备的维护保养。这种情况会导致操作工与维修工之间存在这样或那样的矛盾。操作工有时抱怨维修工老是修不好机器，机器运行不稳定，导致自己不能按计划完成生产任务。在实施计件制的企业中，操作工的这种抱怨尤其多。维修工也会经常抱怨操作工没有操作使用好设备，把设备给使用坏了。

操作工与维修工工作不和谐，有以下两个方面的原因：

1）操作工的工作时间一直都在生产现场，他们知道哪台设备好用、哪台设备不好用，或者哪台设备已经存在问题了。在传统的企业中，尽管操作工了解设备的使用方法，但是，操作工只负责操作使用设备，不负责设备的日常维护保养和小故障处理。

2）维修工因为要负责很大的一片区域或很多数量的设备，工作性质决定了他们不可能随时都在生产现场，所以维修工无法了解设备使用运行的细节情况。但是，在传统的企业中，维修工要承担设备的日常维护保养和小故障处理的工作。

基于上述两个方面的情况，有人形象地说，在传统的企业中，操作工和维修工之间好像存在着一堵无形的墙，导致二者之间相互抱怨多，沟通不是很顺畅。推行自主维护就是要把这堵无形的墙拆除，将以前的"我操作，你维护"转变为"我操作，我维护"（见图5-1），使操作工与维修工工作融洽、和谐。

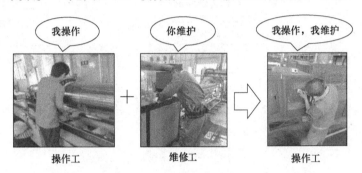

图5-1 由"我操作，你维护"转变为"我操作，我维护"

（2）使操作工的能力得到提升

推行自主维护，使操作工会操作，会清扫点检，会维护保养，会发现和排除小故障，会对自己所负责的区域实施5S管理，使操作工的能力得到提升。

（3）减少人为失误的发生

减少操作工由误操作而导致的产品缺陷、人身事故及设备事故。

（4）生产现场井然有序

操作工对自己所负责的区域实施5S管理，使生产现场井然有序。

5.3 如何推行自主维护

要想使自主维护在企业落地推行，就要将自主维护的三个闭环落实到位。第一个闭环是设备管理人员对自主维护支持的PDCA闭环，如图5-2所示。第二个闭环是操作工实施自主维护的PDCA闭环，如图5-3所示。第三个闭环是设备管理人员对自主维护管理的PDCA闭环，如图5-4所示。

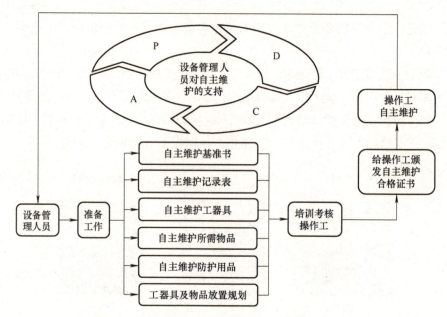

图 5-2　设备管理人员对自主维护支持的 PDCA 闭环

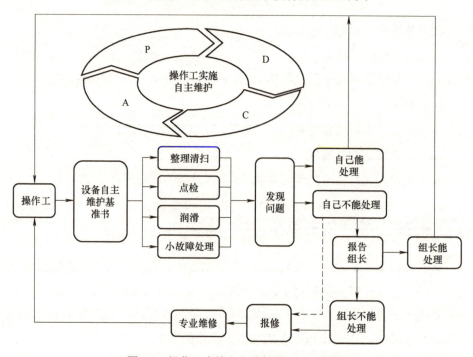

图 5-3　操作工实施自主维护的 PDCA 闭环

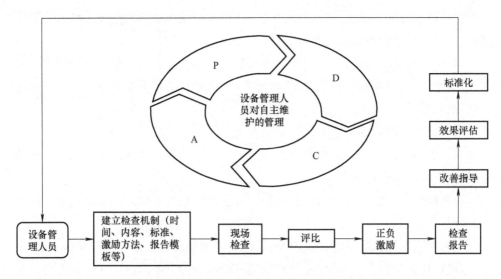

图 5-4 设备管理人员对自主维护管理的 PDCA 闭环

5.4 推行自主维护的案例

下面介绍深圳××公司通过推行自主维护，使车间的各项管理工作得到显著改善的案例。

5.4.1 企业简介

深圳××公司的基本情况参见"4.4.1 企业简介"。

5.4.2 推行自主维护的背景

深圳××公司注塑车间（以下简称注塑车间）推行自主维护前的基本情况如下所述：

1）操作工的观念是：我负责生产，维修工负责设备维护。操作工对设备问题，无论问题大小，一律找维修工。

2）操作工与维修工相互抱怨。维修工经常抱怨操作工开机误操作，导致设备故障多。操作工经常抱怨维修工的技能不够，使自己当班产量完不成，由于实行的是计件工资制度，导致操作工的收入受到影响。

3）操作工为了确保完成当班产量，即使发现设备有问题也不停机，只要能做出产品，就会仍然让设备运行生产。

4）生产现场 5S 管理差，存在大量跑、冒、滴、漏的现象。

要想让注塑车间能准时完成生产计划，注塑车间的管理层就以下几个方面进行了深入思考：

1）设备如何稳定可靠地运行。

2）怎样能让操作工的心态转变过来，他们也是需要参与设备管理的，他们也是有设备管理职责的。

3）操作工到底该怎样做自主维护。对于自主维护工作，注塑车间该怎样进行管理，有没有一个可行的方案，有没有可供借鉴的经验。

4）如何彻底做好生产现场的 5S 管理，消除现场跑、冒、滴、漏的现象。

通过认真的思考，注塑车间的管理层决定导入 TPM 的自主维护来解决存在的问题。

5.4.3 活动的目的

注塑车间推行自主维护的目的是要实现"我的设备我维护，我的区域我负责"。

5.4.4 活动的指标与目标

开展自主维护活动要达到以下指标与目标：

1）100%的操作工拿到设备自主维护的合格证。

2）现场跑、冒、滴、漏的现象为零。

3）生产计划完成率，活动前为 94%，活动后要达到 98%，上升 4 个百分点。

5.4.5 活动的计划

深圳××公司制订了为期一年的自主维护活动开展的工作计划。前 4 个月的主要工作是建立自主维护的样板设备，后 8 个月将样板设备的做法进行推广。

5.4.6 活动的内容

注塑车间按照以下步骤开展自主维护活动：

（1）自主维护的理论知识培训

开展有关自主维护的理论知识培训（见图 5-5），让操作工理解什么是自主维护，明确自主维护活动会给注塑车间及员工自身带来哪些好处，引导操作工接受自主维护的理念。

图 5-5　自主维护的理论知识培训

（2）氛围营造

通过横幅、看板、标语、开早会宣导等方式，开展有关自主维护的宣传与氛围营造工作。图 5-6 所示是悬挂在注塑车间的自主维护宣传横幅。

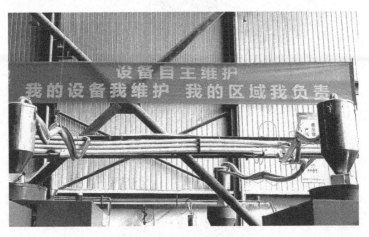

图 5-6　自主维护的宣传横幅

(3) 建立自主维护的样板设备

注塑车间计划花 4 个月左右的时间建立自主维护的样板设备。通过样板设备的示范作用,将自主维护活动推广到其他设备。图 5-7 所示是其中一台要开展自主维护活动的样板设备。

图 5-7 开展自主维护活动的样板设备

自主维护样板设备的选择,要注意易推广、现场基础、责任心、代表性、挑战性 5 个方面,我们称之为选择样板设备的 5 个原则,如图 5-8 所示。

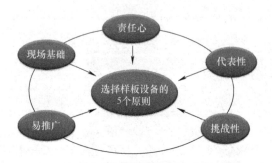

图 5-8 自主维护样板设备选择的 5 个原则

第一个原则是易推广。要选择容易推广的设备做样板设备。

第二个原则是要有一定的现场基础。选择有一定现场管理基础的设备作为样板设备,不能选择那些状态非常糟糕,跑、冒、滴、漏非常严重,有些问题是无法解决的或者解决起来成本太高不合算的设备。

第三个原则是责任心。选择有责任心、积极性比较高的班组长和员工负责的设备作为样板设备。不要选那些没有改善愿望、做事拖沓的班组负责的设备。

第四个原则是代表性。选择有代表性的设备作为样板设备。可以统计一下，哪种类型的注塑机占的比例最大，选择占比最大的那一类设备作为样板设备，因为这类设备具有代表性。

第五个原则是挑战性。在改善难度方面，对所有设备进行评估。选择具有一定改善难度的设备作为样板设备。难度太小，太容易达成目标，没有挑战性；难度太大，项目小组无论如何努力也不能达成目标，大家容易丧失信心。

（4）对操作工开展有关注塑机的基本培训

1）结构培训。结构培训主要是使操作工了解注塑机主要是由哪些部分组成的，以及各部分的功能和作用是什么。

2）工作原理培训。注塑机的工作原理培训，让操作工理解注塑机是怎样把注塑件挤压出来的。

3）安全注意事项培训。这主要是告诉操作工注塑机有哪些活动的部件，活动部件工作时，禁止进入活动的区域；哪些部件容易对人造成伤害，比如容易造成挤压伤害的部件，容易导致人体触电的部件，以及会造成严重机械碰撞伤害的部件等。

（5）编制自主维护的基准书与记录表

1）编制自主维护基准书。对样板设备编制自主维护基准书并对操作工人进行培训。其中一个机种的自主维护基准书见表5-1。

自主维护基准书共包括12个要素，下面详细介绍。

- 第一个要素是"序号"，即有多少项自主维护的工作要做。
- 第二个要素是"部位"，即规定在哪个部位进行自主维护工作。
- 第三个要素是"项目"，即进行自主维护具体要做什么工作，比如润滑调幅丝杆。
- 第四个要素是"图片"，即放置需要进行自主维护部位的图片，让操作工一看就懂。
- 第五个要素是"周期"，即规定多长时间进行一次自主维护。
- 第六个要素是"执行时间"，即规定具体在什么时间进行自主维护。
- 第七个要素是"完成时间/min"，即规定完成自主维护工作需要多长时间。

表 5-1 自主维护基准书示例

企业 Logo	设备名称	设备型号	设备编号					版本	编制者	审核	批准	管理编号
	注塑机	BFH-02			自主维护基准书			V2				QA-SB-11
序号	部位	项目	图片	周期	执行时间	完成时间/min	运行/停机	方法	判断标准	工具	责任人
1	调偶丝杆	润滑丝杆		一月一次	每月月末盘点时	5	停机	用布条将脏物及油污擦拭干净，在丝杆、传动轴等活动部位涂抹新的黄油	丝杆槽内无松香、无锈迹	布条、黄油枪	操作工
2	预热器	清洁导物及发热管网		一月一次	每月月末盘点时	5	停机	用气枪吹掉氧化物，然后用刮刀轻刮，再用布条清洁	无易燃物	气枪、布条、刮刀	操作工

注：1. 自主维护基准书每年由设备部门组织修订一次，修订时间为每年的 12 月。
2. 自主维护中发现异常情况，当自己不能处理时，报告班组长，班组长不能处理的，报告维修人员维修。

××公司

- 第八个要素是"运行/停机",即明确自主维护工作是在设备运行的情况下完成,还是在设备停机的情况下完成。
- 第九个要素是"方法",即明确做自主维护的方法。
- 第十个要素是"判断标准",即明确做自主维护工作,做得好与不好的判断标准是什么。
- 第十一个要素是"工具",即明确完成自主维护工作,需要什么样的工器具。
- 第十二个要素是"责任人",即规定哪个岗位的人来完成自主维护工作。

2)编制自主维护记录表。在自主维护基准书的基础上,编制自主维护记录表,用于对自主维护的工作进行记录。其中一个机种的自主维护记录表见表 5-2。

(6)准备所需要的工器具、物品及劳保用品

准备自主维护所需要的工器具、物品及劳保用品,比如手套、抹布、螺丝批、扳手等。准备好的用于自主维护的工具(部分)如图 5-9 所示。

(7)进行自主维护的练习或训练

进行自主维护的练习或训练,让操作工进入车间现场,指导他们对照自主维护基准书进行自主维护的练习与训练。图 5-10 是操作工正在进行自主维护训练的一个场景。

(8)进行理论考核与实操考核,颁发自主维护合格证书

1)对操作工进行理论考核。通过考试题目对操作工进行理论考核。

2)对操作工进行实操考核。让操作工进入车间现场,按照自主维护基准书的要求,对操作工进行自主维护的实际操作考核。

3)对操作工颁发自主维护合格证书。对理论考核及实操考核合格的操作工,颁发自主维护的合格证书。操作工自主维护的合格证书如图 5-11 所示。

(9)操作工按照计划开展自主维护工作

操作工按照自主维护基准书的要求,在换班前或换班后进行自主维护。

(10)整理样板设备开展自主维护所取得的成果

把样板设备开展自主维护工作的经过、所取得的成果等进行整理、总结,形成自主维护成果手册,为自主维护的推广做准备。自主维护的成果手册如图 5-12 所示。

表 5-2 自主维护记录表示例

自主维护记录表

公司 Logo													××公司	
月份		设备名称	设备型号	BFH-02	版本	V2	编制者		审核		批准		管理编号	QA-SB-11
年月		注塑机												

序号	部位	项目	图片	周期	执行完成时间	运行/停机时间/min	方法	判断标准	工具	责任人	班次	日期 1 2 3 4 5 6 7 8 9 10 11 12 13 14 15 16 17 18 19 20 21 22 23 24 25 26 27 28 29 30 31
1	调幅啮精丝杆丝杆参见自主维护基准书			一月月末一次		5	停机	用布条将脏物及油污擦拭干净，丝杆在丝杆、传无松香、无动轴等咕动部位涂抹新的黄油	布条、黄油枪	操作工	白班	
2	清洁导轨预热器及发热管网			一月月末一次		5	停机	用气枪吹掉氧化物、燃后用刮刀轻刮，再用布条清洁	气枪、无易燃物布条、刮刀	操作工	白班	

注：1. 自主维护正常用 "√" 表示，异常用 "×" 表示，节假日用 "⊖" 表示。
2. 自主维护中发现异常情况，当自己不能处理时，报告班组长，班组长不能处理的，报告维修人员维修，并在"异常点说明"栏里做记录。
3. 自主维护记录表每年由设备部门组织修订一次，修订时间为每年的12月。

操作工签名 白班
班组长确认签名 白班
异常点说明 白班

第 5 章　TPM 的八大支柱之二：自主维护

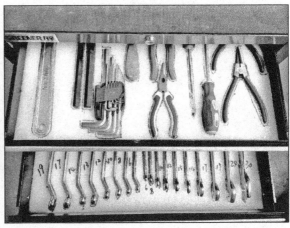

图 5-9　用于自主维护的工具

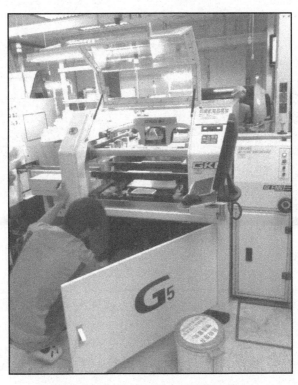

图 5-10　操作工正在进行自主维护的训练

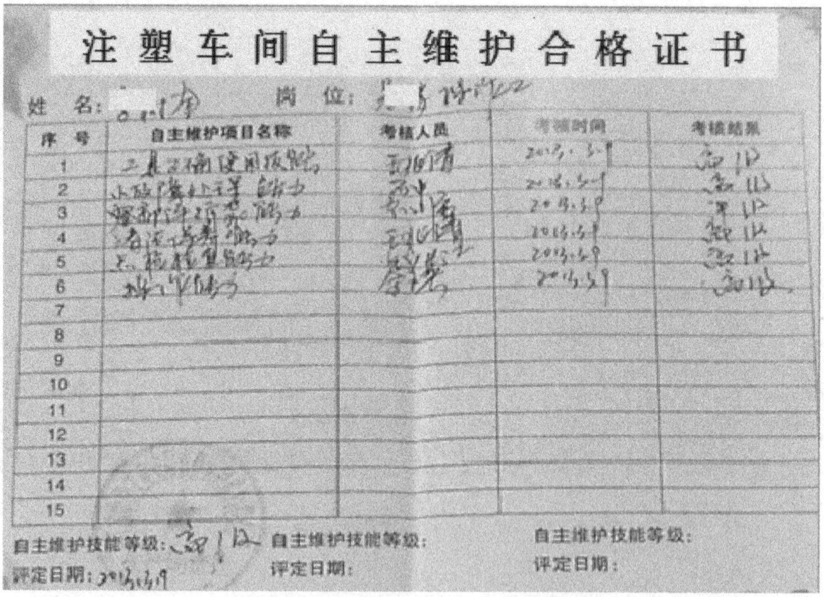

图 5-11 操作工自主维护的合格证书

图 5-12 自主维护的成果手册

（11）推广

注塑车间制订了为期 8 个月的自主维护活动推广计划，把样板设备的做法推广到其他设备。

（12）对操作工的自主维护工作进行监督、检查

设备管理人员要对操作工的自主维护工作进行监督、检查。也就是说，设备管理人员要监督、检查操作工开展自主维护工作的情况。通过检查、评比、激励、改善 PDCA 的过程，使自主维护工作持续、循环地开展下去。

（13）明确操作工进行自主维护时发现问题的处理流程

操作工在进行自主维护的工作过程中会碰到这样或那样的问题。所以，要明确发现问题的处理流程。这个流程就是，操作工在自主维护工作的过程中发现问题，如果自己能处理就自己处理，如果自己不能处理就联系班组长处理。班组长确认后，如果能自己处理，则班组长自己处理；如果班组长不能处理，则可以联系维修人员来帮忙处理。

（14）开展可视化工作

注塑车间在推行自主维护的工作中还开展了可视化工作。比如，把指针式仪表的正常指示范围涂成绿色，方便检查，如图 5-13 所示。在液压油箱的油位处张贴"油位高、正常油位、油位低"的标志，如图 5-14 所示。在自主维护工作中，开展可视化工作的主要目的是提高自主维护工作的效率。

图 5-13　将正常指示范围涂成绿色（图中斜线处）

（15）设备劣化复原

对设备存在的缺陷、问题、清扫的困难部位、污染发生源、不安全的部位等问题，在开展自主维护工作时都要予以解决，我们称这项工作为设备劣化复原，就是将设备存在的问题予以解决，恢复设备原有的性能与外观。设备劣化复原使用的表格见表 5-3。

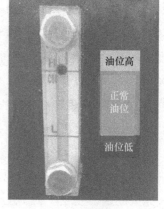

a) 改善前　　　　　　　　　　b) 改善后

图 5-14　张贴"油位高、正常油位、油位低"的标志

表 5-3　设备劣化复原——自主维护中发现的问题及解决记录表示例

设备劣化复原——自主维护中发现的问题及解决记录表

自主维护活动小组名称：

序号	车间名称	设备名称	发现的问题	日期	发现人	红牌编号	解决的方式		对策	对策实施人	解决的日期	红牌是否已收回	备注
							自己解决	维修人员解决					
1													
2													

填表说明：

（1）在"解决的方式"一栏中，在你选定的栏目中填写"√"。比如，选择"自己解决"，则在"自己解决"下面的空格中填写"√"。

（2）在"红牌是否已收回"一栏中，如果红牌已经收回，则填写"是"；如果红牌没有收回，则填写"否"。

5.4.7　活动的成果

注塑车间通过开展自主维护活动，取得了显著的成果。

1）操作工与维修工相互抱怨的情况得到根本改善。由原来的"我操作，你维护"变成"我操作，我维护"之后，操作工与维修工相互抱怨的情况没有了。

2）100%的操作工拿到了设备自主维护的合格证。

3）现场井然有序，跑、冒、滴、漏的现象全部消除。

4）生产计划完成率逐月提升。生产计划完成率，活动前（改善前）的 1 月是 94%，活动结束（改善后）的 12 月实际达到 99%，上升了 5 个百分点，达到并超过了预期的目标 98%，如图 5-15 所示。

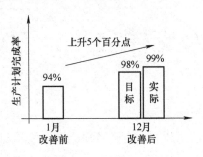

图 5-15 改善前后的生产计划完成率对比

第 6 章

TPM 的八大支柱之三：专业维修

设备在使用、运行的过程中，由于磨损会使一些零部件发生劣化，进而造成设备故障，严重者甚至使设备不能运行，这会影响设备的性能、精度、生产效率及经济性。专业维修是指为了保持与恢复设备完成规定功能的能力而采取的技术活动。专业维修的目的是使维修费用和生产损失（即劣化停机损失）降到最低的限度。专业维修管理是设备管理的核心内容。

专业维修主要分为计划维修和故障维修两部分，下面分别予以阐述。

6.1 什么是计划维修

为了保证设备的可靠性，确保生产计划如期完成，对设备开展的有组织、有计划并且成本最低的维修活动，称为计划维修。

6.2 推行计划维修的目的

推行计划维修的目的是在故障出现前就将引发故障的因素予以消除，不让故障影响设备的正常运行。也就是说，让设备不出故障或者在设备有小故障时就及时消除，将故障消灭在萌芽状态。

6.3 如何推行计划维修

推行计划维修需要分 3 个步骤进行。
1) 对设备的零配件开展失效模式和效应分析（FMEA）的工作。
2) 对于分析出来的设备潜在故障，使用不同的维修策略进行应对，编制设备维修基准书、设备专业点检基准书、设备自主维护基准书、设备状态监测基准书。

3）落地实施设备维修基准书、设备专业点检基准书、设备自主维护基准书、设备状态监测基准书。

下面我们对这3个步骤做进一步的说明。

（1）失效模式和效应分析（FMEA）

> GB/T 27921—2011《风险管理　风险评估技术》对失效模式和效应分析（FMEA）给出的定义如下：
>
> B.7　失效模式和效应分析（FMEA）
>
> B.7.1　概述
>
> 失效模式和效应分析（Failure Mode and Effect Analysis，简称FMEA）是用来识别组件或系统是否达到设计意图的方法，广泛用于风险分析和风险评价中。FMEA是一种归纳方法，其特点是从元件的故障开始逐级分析其原因、影响及应采取的应对措施，通过分析系统内部各个组件的失效模式并推断其对于整个系统的影响，考虑如何才能避免或减小损失。
>
> FMEA用于识别：
>
> ——系统各部分所有潜在的失效模式；
>
> ——这些故障对系统的影响；
>
> ——故障原因；
>
> ——如何避免故障及/或减弱故障对系统的影响。

我们利用FMEA方法来分析设备潜在的故障，然后对设备潜在的故障进行管理。计划维修是设备潜在故障管理的一部分。

（2）设备维修策略

设备维修策略的种类及定义见表6-1。

表6-1　设备维修策略的种类及定义

序号	维修策略	定义
1	定时维修	依据约定的设备运行时间，时间一到就停机进行维修
2	定期更换	使用时间到期予以更换

(续)

序号	维修策略	定义
3	定量维护	依据约定的产量（动作次数、里程数等），产量（动作次数、里程数等）一到就停机进行维修
4	定期点检	对设备进行定期检查，发现有问题时，安排维修
5	状态监测	依据监测、诊断及分析结果预测零件的寿命，在零件到达寿命上限或预先设定的值时，予以更换
6	事后维修	设备（或零件）坏了才予以维修
7	机会维修	利用生产计划上的停机空档来进行维修，如利用操作工开早会停机、吃午饭停机或节假日停机的时间进行维修
8	改良维修	以提高设备的可靠性、安全性为目的，对设备的先天性缺陷或故障重复发生的零件进行改造，以减少或消除因此产生的设备故障

（3）设备潜在故障管理

设备潜在故障管理的过程如图 6-1 所示。

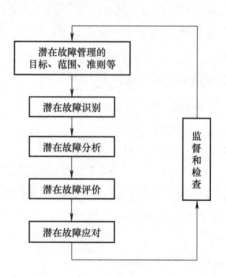

图 6-1 设备潜在故障管理的过程

设备潜在故障管理的逻辑关系如图 6-2 所示。
设备潜在故障管理的 PDCA 管理闭环如图 6-3 所示。

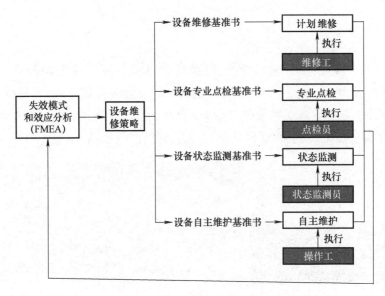

图 6-2 设备潜在故障管理的逻辑关系

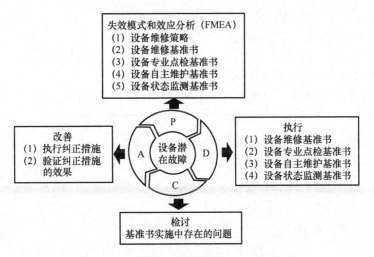

图 6-3 设备潜在故障管理的 PDCA 管理闭环

6.4 推行计划维修的案例

下面介绍广东××管材有限公司开展计划维修活动的经过。

6.4.1 企业简介

广东××管材有限公司创立于20世纪90年代初期，拥有4000多名员工，是一家集专业研发、制造、销售于一体的大型塑胶建材企业。该公司先后在佛山、天津、湖北、陕西、重庆等地设立多个大型现代化生产基地，拥有200余条管材生产线，各种加工设备2000台（套）。该公司的产品如图6-4所示。

 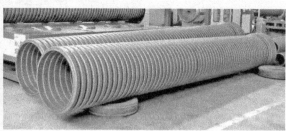

图6-4 广东××管材有限公司的产品

6.4.2 开展计划维修的背景

开展计划维修前，广东××管材有限公司的基本情况如下：

1）设备坏了才修，不坏不修。设备维修处在事后维修的状态，维修人员非常繁忙。

2）关键设备挤出机运行不稳定，突发故障频繁，故障率高，经常影响生产计划的完成。

所以，车间领导决定开展计划维修活动，降低故障率，提升设备管理水平。

6.4.3 活动的目的

1）预防故障的发生。让挤出机等设备不出故障或者在有小故障时就能及时消除，将故障消灭在萌芽状态。通过计划维修，达到预防故障发生的目的。

2）对重复出故障的部位进行改造。

3）将设备的劣化予以复原。

6.4.4 活动的指标与目标

计划维修活动的指标与目标见表6-2。

表6-2 计划维修活动的指标与目标

序号	指标	2018年	2019年目标	备注
1	计划维修的年度计划	无	完成率为100%	
2	设备改造任务	无	40项	通过对以往重复发生的故障进行分析,并向维修人员进行调查了解,梳理出40项设备改造的任务
3	设备计划维修管理机制	无	建立设备计划维修管理机制	

6.4.5 活动的计划

广东××管材有限公司计划用1年的时间完成计划维修活动。计划维修活动的推行工作计划见表6-3。

表6-3 计划维修活动的推行工作计划

序号	工作内容	20××年											
		1月	2月	3月	4月	5月	6月	7月	8月	9月	10月	11月	12月
1	计划维修管理导入培训	△											
2	成立计划维修活动推行小组		△										
3	对需要开展计划维修活动的设备编制设备失效模式和效应分析(FMEA)表、设备维修基准书、设备维修记录表、自主维护基准书、自主维护记录表、设备专业点检基准书、设备专业点检记录表、设备状态监测基准书、设备状态监测记录表		△	△									

（续）

序号	工作内容	20××年											
		1月	2月	3月	4月	5月	6月	7月	8月	9月	10月	11月	12月
4	按基准书与记录表实施			△	△	△	△	△	△	△	△	△	△
5	完成40项设备改造任务	△	△	△	△	△	△	△	△	△	△	△	△
6	建立设备计划维修管理机制								△	△	△	△	△

6.4.6 活动的内容

（1）计划维修管理的导入培训

开展计划维修管理的导入培训,让维修人员主要是设备及生产的管理干部理解计划维修管理的概念,改变思维,树立计划维修管理的正确理念。

（2）成立计划维修活动推行小组

广东××管材有限公司的设备管理部门为了达到改善活动的目标,成立了计划维修活动推行的组织架构,如图6-5所示。

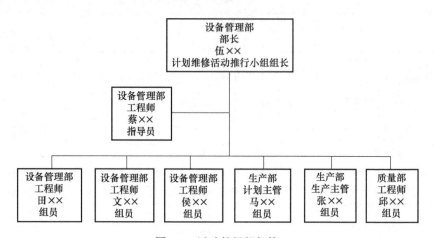

图6-5 活动的组织架构

组织架构中的各岗位职责见表6-4。

表 6-4 组织架构中的各岗位职责

序 号	岗 位 名 称	职 责
1	设备管理部（部长，伍××，计划维修活动推行小组组长）	总体统筹计划维修活动推行小组的工作，制定推行的指标与目标，协调公司的资源，确保项目推行成功
2	设备管理部（工程师，蔡××，指导员）	负责计划维修管理导入培训，编制项目推行的计划，定期检讨计划的执行情况；负责宣传及氛围营造等方面的工作
3	设备管理部（工程师，田××，组员）	负责与计划维修相关的基准书和记录表的编制工作，并且培训维修工及操作工，组织落地实施
4	设备管理部（工程师，文××，组员）	组织维修工完成设备的改造任务
5	设备管理部（工程师，侯××，组员）	负责建立设备计划维修管理机制
6	生产部（计划主管，马××，组员）	负责将维修计划编入生产计划中并向生产主管下达停机指令
7	生产部（生产主管，张××，组员）	负责设备停机。依照基准书，组织操作工完成计划维修中的相关工作
8	质量部（工程师，邱××，组员）	负责计划维修后产品的检验工作

（3）编制基准书与记录表并落地实施

1）编制设备失效模式和效应分析（FMEA）表。以钢带管生产线为例，为钢带管生产线编制的设备失效模式和效应分析（FMEA）表见表 6-5。

表 6-5 中，F、S、D、RPN 的含义如下所述：

① F：Frequency，发生频度。

② S：Severity，严重度。

③ D：Detectability，可探测度。

④ RPN：Risk Priority Number，优先程度。RPN=S × F × D。

RPN 改善的原则如下所述：

① 当零部件的 RPN≥60 时，必须制定改善措施。

② 一般零部件，当严重度 S≥8 或 RPN≥90 时，必须制定改善措施。

表 6-5 中的"维修策略"包含 8 种：定时维修、定期更换、定量维护、定期点检、状态监测、事后维修、机会维修、改良维修，详见"表 6-1 设备维修策略的种类及定义"。

表6-5 钢带管生产线的设备失效模式和效应分析（FMEA）表示例

公司Logo															广东××管材有限公司				
车间（部门）名称：钢带管车间		设备名称：钢带管生产线			设备失效模式和效应分析（FMEA）表														
设备编号：GDG-001		编制人：王××					审核人：李××				日期：20××年1月5日				日期：20××年1月8日				
序号	零部件	功能	潜在故障现象描述	原因	后果	检查方法	F 发生频度	S 严重度	D 可探测度	RPN 优先程度	维修策略	改善措施	谁完成	何时	改善后				备注
															F 发生频度	S 严重度	D 可探测度	RPN 优先程度	
1	风机	抽取腐蚀性气体	风机噪声大	腐蚀性气体导致风叶腐蚀	1.风机振动大 2.噪声大	使用动平衡测量仪测量叶片动平衡	5	5	3	75	定期点检	经动平衡仪检查后，将超过标准的、腐蚀的叶片予以更换	维修工	每年过年前停机检修时					详见设备点检准书
2	风机	抽粉尘风机通过风把厂房内的粉尘带走	出风口输出的风量减少	风叶上面附有难以清理的污垢	1.机器框架振动 2.噪声大	目视检查风机叶片的脏污程度	3	10	2	60	定时维修	每6个月清理一次风叶上点检污面的污垢	清理人员	每年的6月清理一次，每年过年前停机检修时清理一次					详见设备维修准书
3	手动润滑供油箱	操作工按压手柄，为导轨加润滑油	油加不到导轨上面	缺油，油位过低或油位低线	导轨磨损	目视检查	7	5	2	70	定期点检	定期点检	操作工	每班上班开始前5min					详见自主维护准书
4	高压风机	送热容器维持容器内温度	电机前端轴承温度偏高	轴承缺油或过度磨损	电机过载停机，容器温度降低，产品出现次品	使用热电偶、温控器监控	5	5	6	150	状态监测	安装温控系统，监控前端温度，轴承过正常值时，在中心控制室发出声光报警信号	维修工	过年前检修时					详见状态监测准书

表6-5中，按RPN的大小依次进行排序，形成基于设备失效模式和效应分析（FMEA）的设备维护计划。对表6-5中的内容，由设备管理部门主导，其他部门参与，每年的12月修改一次。

表6-5中，F的评价准则见表6-6。

表6-6 F的评价准则

故障发生的可能性		准则：发生频度的描述	F的评分
非常高	持续性发生的故障	平均故障间隔时间（Mean Time Between Failure, MTBF）小于1h	10
非常高		MTBF在1~10h之间	9
高	反复发生的故障	MTBF在11~100h之间	8
高		MTBF在101~400h之间	7
中等	偶尔发生的故障	MTBF在401~1000h之间	6
中等		MTBF在1001~2000h之间	5
中等		MTBF在2001~3000h之间	4
低	很少有相关的故障发生	MTBF在3001~6000h之间	3
低		MTBF在6001~10 000h之间	2
忽略不计	故障不太可能发生	MTBF大于10 000h	1

表6-5中，S的评价准则见表6-7。

表6-7 S的评价准则

后果	准则：严重度的描述	S的评分
无预警的严重故障	可能在没有警告的情况下危害操作者（或设备），故障发生时无预警	10
有预警的严重故障	可能在有预警的情况下危害操作者（或设备），故障发生时有预警	9
非常严重	产品100%报废，设备停止或生产停止	8
严重	设备运转一定会产生一部分废品	7
中等	产品100%需脱离设备返工，才能合格	6
低	产品的部分需脱离设备返工，才能合格	5
很低	产品100%需在设备上返工	4
轻微	产品部分需在设备上返工	3
很轻微	给操作者或产品带来轻微的影响	2
没有后果	没有可识别的后果	1

表 6-5 中，D 的评价准则见表 6-8。

表 6-8　D 的评价准则

探测的可能性	准则：可探测度的描述	D 的评分
绝对不可能探测到	完全无法探测或检测到故障的发生	10
非常小的可能性探测到	探测或检测到故障发生及故障原因的可能性非常小	9
极低	设备可能会提示故障发生及故障原因	8
很低	设备可能会防止即将发生的故障（如设备自动停止）	7
低	设备能防止即将发生的故障（如设备自动停止）	6
中等	设备能防止即将发生的故障（如设备自动停止），并报告故障的原因	5
中等偏高	有较高的可能性探测或检测到故障发生及故障原因	4
高	有高的可能性探测或检测到故障发生及故障原因	3
很高	探测或检测到故障发生及故障原因的可能性非常高	2
几乎肯定	完全能探测或检测到故障的发生及故障原因	1

2）编制设备维修基准书及设备维修记录表。以挤出机为例，为挤出机编制的设备维修基准书及设备维修记录表分别见表 6-9、表 6-10。

3）编制自主维护基准书及自主维护记录表。以波峰焊为例，为波峰焊编制的自主维护基准书及自主维护记录表分别见表 6-11、表 6-12。

4）编制设备点检基准书及设备点检记录表。以储气罐为例，为储气罐编制的设备点检基准书及设备点检记录表分别见表 6-13、表 6-14。

5）编制设备状态监测基准书及设备状态监测记录表。以波峰焊为例，为波峰焊编制的设备状态监测基准书及设备状态监测记录表分别见表 6-15、表 6-16。

6）按基准书与记录表实施。

广东××管材有限公司对编制出来的设备维修基准书及设备维修记录表、自主维护基准书及自主维护记录表、设备点检基准书及设备点检记录表、设备状态监测基准书及设备状态监测记录表，经过对相关责任人进行培训后，予以落地实施。

第6章 TPM的八大支柱之三：专业维修

表6-9 挤出机的设备维修基准书示例

车间名称	设备名称	设备型号	设备编号					编制者	版本	审核		
	挤出机								A	批准		
										管理编号		
序号	部位	项目	图片	设备维修基准书						责任人		
				周期	时间/min	运行/停机	维修内容	判定标准	使用工具			
1	电控柜	柜内及柜表面卫生		一年一次	30	停机	用排刷清扫，用抹布清洁	柜内元器件及柜表面清洁无灰尘	排刷（宽80mm）、抹布	维修工		
2	电控柜	排风扇、进、排风滤网		一年一次	5	停机	检查排风扇及进、排风滤网	排风扇正常运行，进、排风滤网无堵塞	目视	维修工		
3	电控柜	电气接头		一年一次	30	停机	检查各电气接头紧固程度	各电气接头处在拧紧的状态	螺钉旋具及扳手等	维修工		
……	……	……	……	……	……	……	……	……	……	……		
9	电控柜	电气元件标识		一年一次	5	停机	检查电气元件上的标识	电气元件的标识齐全	目视	维修工		
修订日期			修订理由				修订的内容简述			修订者签名		
版本号										广东××管材有限公司		
修订履历												

注：1. 设备维修基准书每年由设备部门组织修订一次，修改时间为每年的12月。
2. 责任人按照设备维修基准书的内容执行完毕后，在与设备维修基准书配套使用的设备维修记录表中做好记录。

表 6-10 挤出机的设备维修记录表示例

公司 Logo				设备维修记录表		版本	A			广东××管材有限公司	
车间名称		日期 年 月 日	设备名称 挤出机	设备型号	设备编号		编制者	审核	批准	管理编号	

序号	部位	项目	周期	时间/min	运行/停机	维修内容	判定标准	使用工具	责任人	设备维修的月份及记录	异常记录	零配件更换记录
										1 2 3 4 5 6 7 8 9 10 11 12		名称 规格型号 数量
1	电控柜	柜内及柜表面卫生	一年一次	30	停机	用排刷清扫、用抹布清洁	柜内元器件及柜表面清洁无灰尘、达到漆见本色、铁见光	排刷（宽80mm）、抹布	维修工			
2	电控柜	排风扇、排风滤网	一年一次	5	停机	检查排风扇、排风滤网	排风扇正常运行，进、排风滤网无堵塞	目视	维修工			
3	电控柜	电气接头	一年一次	30	停机	检查各电气接头紧固程度	各电气接头处在拧紧的状态	螺钉旋具及扳手等	维修工			
……						……	……	……	……			
9	电控柜	电气元件标识	一年一次	5	停机	检查电气元件上的标识	电气元件的标识齐全	目视	维修工			
修订日期		版本号			修订理由		修订的内容简述		修订者签名			
修订履历									维修主管签名			
									车间验收人签名			

注：1. "设备维修的月份及记录"一栏的填写要求：①正常进行设备维修用"√"表示，并在"异常记录"一栏里做简单说明；③如果更换了零配件，须在"零配件更换记录"一栏里做详细记录。
2. 设备维修记录表每年由设备部门组织修订一次，修订时间为每年的12月。

第6章 TPM的八大支柱之三：专业维修

表6-11 波峰焊的自主维护基准书示例

企业Logo	设备名称	设备型号	设备编号	自主维护基准书				版本	编制者	审核	批准	管理编号
	波峰焊	BFH-02						V2				QA-SB-11
序号	部位	项目	图片	周期	执行时间	完成时间/min	运行/停机	方法		判断标准	工具	责任人
1	冷却装置	清洁冷却风扇		每班一次	每班下班前	5	停机	先用气枪吹掉传送链条内的锡粒及风扇上的灰尘，然后用布条擦拭		风扇转动正常、传送链条内无锡粒	气枪、布条	操作工
2	调幅丝杆	润滑丝杆		一月一次	每月月末盘点时	5	停机	用布条将脏物及油污擦拭干净，在丝杆、传动轴等活动部位涂抹新的黄油		丝杆槽内无松香、无锈迹	布条、黄油枪	操作工
3	预热器	清洁导轨及发热管网		一月一次	每月月末盘点时	5	停机	用气枪吹掉氧化物，然后用刮刀轻刮，再用布条清洁		无异燃物	气枪、布条、刮刀	操作工

注：1. 自主维护基准书每年由设备部门组织修订一次，修订时间为每年的12月。
2. 自主维护基准书中发现异常情况，当自己不能处理时，报告班组长，班组长不能处理的，报告维修人员维修。

广东××管材有限公司

表 6-12 波峰焊的自主维护记录表示例

公司 Logo					自主维护记录表								广东××管材有限公司
年月					设备编号	BFH-02		版本	V2	编制者		审核	批准	管理编号 QA-SB-11

月份												日期																			
序号	部位	项目	图片参见自主维护基准书	周期	执行时间	设备名称	设备型号	运行/停机 完成时间/min	方法	判断标准	工具	责任人	班次	1	2	3	4	5	6	7	8	9	10	11	12	13	14	15	16	17	18	19	20	21	22	23	24	25	26	27	28	29	30	31
1	清洁冷却风扇	冷却装置		每班一次	每班下班前	波峰焊		5	先用气枪吹掉传送链条内的锡粒及风扇上的灰尘，然后用布条擦拭	风扇转动正常，送链条内无锡粒	气枪、布条	操作工	白班																													
2	调偏丝杆	润滑丝杆		一月一次	每月月末盘点时	波峰焊		5	用布条擦拭干净，在丝杆、传动轴等活动部位抹新的黄油	丝杆槽内无松客，油污无锈迹	布条、黄油枪	操作工	白班																													
3	清洁预热器及发热管网			一月一次	每月月末盘点时	停机		5	用气枪吹掉氧化物，然后用刮刀刮，再用布条清洁	无易燃物	气枪、布条、刮刀	操作工	白班																													

操作工签名 白班
班组 白班
异常点说明 白班

注：1. 自主维护正常用"√"表示，异常用"×"表示，节假日用"⊙"表示。
2. 自主维护中发现异常情况，当自己不能处理时，报告班组长，班组长不长能处理的，报告维修人员维修，并在"异常点说明"栏里做记录。认签名。
3. 自主维护记录表每年由设备部门组织修订一次，修订时间为每年的12月。自主维护记录表每年由设备部门组织修订一次。

表 6-13 储气罐的设备点检基准书示例

企业 Logo	设备点检基准书									版本	V2	编制者		审核		批准		管理编号	QA-SB-11
	设备名称	储气罐	设备型号		设备编号	19007-259												责任人	设备点检员
部位	项目		图片				周期	执行时间	完成时间/min	运行/停机		方法		判断标准		工具			
1	储气罐	压缩空气气压					每天一次	早班八点至八点半之间	1	运行		目视检查		气压在0.5~0.7MPa范围内		眼睛			
……	……	……	……				……	……	……	……		……		……		……		……	

注：1. 设备点检基准书每年由设备部门组织修订一次，修订时间为每年的 12 月。
2. 设备点检中发现异常情况，当自己不能处理时，报告班组长，班组长不能处理的，报告维修人员维修。

广东××管材有限公司

表6-14 储气罐的设备点检记录表示例

公司Logo	年月		设备点检记录表				19007-259	版本	V2	编制者		审核		批准		广东××管材有限公司		
																	管理编号	QA-SB-11

月份	年月																日期																
序号	部位	项目	图片	周期	设备名称	设备型号	完成时间/min	运行/停机	方法	判断标准	工具	责任人	班次	1	2	3	4	5	6	7	8	9	10	11	12	13	14	15	16	17	18	19	20	21	22	23	24	25	26	27	28	29	30	31
1	压缩空气气压	储气罐	参见设备点检基准书	每天一次	储气罐		1	运行	目视检查	气压在0.5~0.7MPa范围内	眼睛	设备点检员	白班																														
	...	...	...	...	...	...	...	...	...	...	...	设备点检员签名	白班																														
												班组长确认签名	白班																														
												异常点说明	白班																														

注：1. 设备点检正常用"√"表示，异常用"×"表示，节假日用"⊖"表示。
2. 设备点检中发现异常情况，当自己不能处理时，报告班组长，班组长不能处理的，报告维修人员维修，并在"异常点说明"栏里做记录。
3. 设备点检记录表每年由设备部门组织修订一次，修订时间为每年的12月。

第6章 TPM的八大支柱之三：专业维修

表6-15 波峰焊的设备状态监测基准书示例

企业Logo	设备名称	设备型号	设备编号	设备状态监测基准书				管理编号	QA-SB-11
	波峰焊	BFH-02		版本	编制者	审核	批准		
				V2					
	部位	项目	图片					责任人	
序号				周期	执行时间	完成时间/min			
1	低压配电屏母排	接头温度		每周一次	每周一上午	1	运行/停机 运行	方法 使用红外线测温仪测量	判断标准 温度低于80℃	工具 红外线测温仪	设备状态监测员
...	...	...		...	...	...	...	...	...	...	...

注：1. 设备状态监测基准书每年由设备部门组织修订一次，修订时间为每年的12月。
2. 设备状态监测中发现异常情况，当自己不能处理时，报告班组长，班组长不能处理的，报告维修人员维修。

广东×××管材有限公司

表 6-16 波峰焊的设备状态监测记录表示例

公司 Logo										设备状态监测记录表															广东××管材有限公司		
月份	年 月	周期	项目图片	设备名称 波峰焊	设备型号	BFH-02	设备编号	判断标准	工具	版本 V2		责任人		编制者		审核				批准					管理编号		QA-SB-11
																			日期								
序号	部位			执行完成时间 /min	运行/停机	方法					班次	1	2	3	4	5	6	7	8	9	10	11	12	13	14	15	16	17	18	19	20	21	22	23	24	25	26	27	28	29	30	31
1	低压配电屏母接头温度	参见设备状态监测基准书		每周一次 每周日用上午	运行	使用红外线测温仪测量	红外线测低于80℃温仪				白班																																
							设备状态监测员			白班																																
							设备状态监测员签名			白班																																
							班组长确认签名			白班																																
							异常点说明			白班																																

注：1. 设备状态监测正常用"√"表示，异常用"×"表示，节假日用"⊖"表示。
2. 设备状态监测中发现异常情况，当自己不能处理时，报告班组长，班组长不能处理的，报告维修人员维修，并在"异常点说明"栏里做记录。
3. 设备状态监测记录表每年由设备部门组织修订一次，修订时间为每年的12月。

（4）完成40项设备改造任务

广东××管材有限公司在开展计划维修活动的一年中,通过对设备故障容易发生的部位进行改造,从根本上消除故障,共完成了40项设备的改造任务。比如,针对广东地区在每年的3月—4月有回南天天气极度潮湿的情况,以及在每年的7月—9月天气非常炎热的情况,为安装电子设备（数控系统,交、直流伺服控制模块等）的控制柜,全部安装空调。在回南天天气极度潮湿或夏天天气非常炎热时,开启空调,使电子设备在恒温恒湿的环境中工作,杜绝了每年在极端天气都会发生的电子设备烧毁电路板或性能不稳定的故障现象。控制柜安装空调的案例如图6-6所示。

图6-6 控制柜安装空调的案例

（5）建立计划维修的管理机制

广东××管材有限公司通过开展计划维修活动,建立了设备计划维修的管理机制。该公司的设备计划维修流程图如图6-7所示。

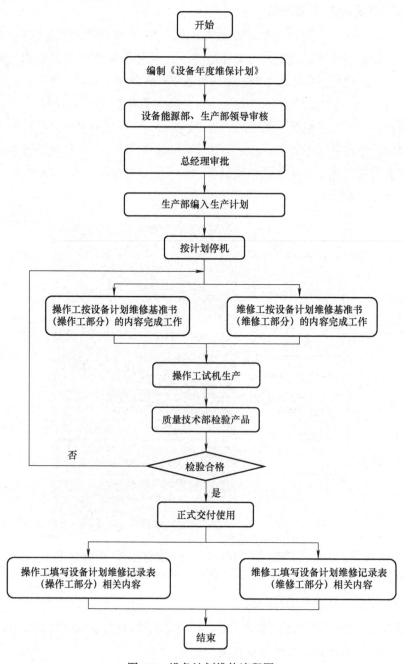

图 6-7　设备计划维修流程图

6.4.7 活动的成果

(1) 活动达到了预期的目标

广东××管材有限公司在一年的计划维修活动中达到了预期的目标，见表6-17。

表6-17 预期目标及完成情况

序号	指标	2018年	2019年目标	完成情况
1	计划维修的年度计划	无	完成率为100%	已完成
2	设备改造任务	无	40项	已完成
3	设备计划维修管理机制	无	建立设备计划维修管理机制	已完成

(2) 设备计划维修机制中的核心内容

设备计划维修机制中的核心内容"维修计划实施的PDCA闭环"如图6-8所示。

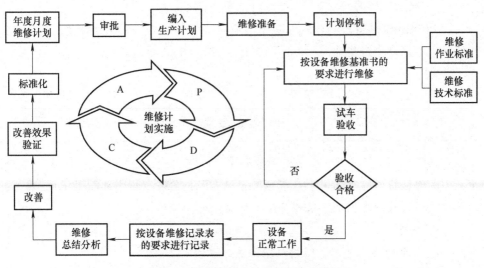

图6-8 维修计划实施的PDCA闭环

图6-8中的维修作业标准，以"水泵维修作业标准"为例说明如下：

水泵维修作业标准

本维修作业标准适用于广东××管材有限公司井下排水离心式水泵，其他离心式水泵的维修作业可参照本标准执行。

1 机体

1.1 水泵底座水平面的调整。沿主轴方向每米不超过 0.1mm,与主轴垂直方向每米不超过 0.15mm。

1.2 泵体连接严密不漏水,泵体如有裂纹应更换。

1.3 基础螺栓齐全,螺栓应突出螺母 2~5 扣。

2 轴

2.1 轴向间隙符合厂家规定,一般为 1~4mm,有推力轴承的在装轴前串量不得小于 2mm。

2.2 ……

3 轴承

3.1 水泵轴弯曲度大于大口环内径与叶轮入口外径间隙的 1/4 时,应校直或更换。

3.2 ……

4 楔键和键槽

4.1 楔键的顶面和轮毂上键槽的底面之间必须有 1/100 的斜度,应全面帖附,不允许使用垫片。

4.2 ……

图 6-8 中的维修技术标准,以"水泵维修技术标准"为例说明如下:

水泵维修技术标准

本维修技术标准适用于广东××管材有限公司井下排水离心式水泵,其他离心式水泵的维修技术要求可参照本标准执行。

1 轴承

1.1 滑动轴承间隙。滑动轴承间隙见下表。

轴径/mm	1500r/min 以下间隙/mm	1500r/min 以上间隙/mm
30~50	0.075~0.160	0.17~0.34
……	……	……
180~260	0.18~0.33	0.30~0.60

轴承磨损间隙超过最大间隙1.5倍时应调整或更换。带油圈的轴瓦一定要有溢油槽,油圈应转动灵活,接口牢固,重量平衡。

1.2 滚动轴承内座圈和轴的配合见下表(略)。

1.3 滚动轴承外座圈和轴承位的配合见下表(略)。

1.4 滚珠、滚柱在轴承内的间隙见下表(略)。

1.5 轴承温度不得超过75℃,运行中不得有异响和异常振动。

1.6 轴承的径向振幅不得超过下表所示的规定(略)。

2 叶轮

2.1 轴和叶轮内经间隙见下表。

轴径/mm	配合间隙/mm
30～50	0.05～0.10
……	……
180～260	0.09～0.18

2.2 大小口环配合间隙见下表(略)。

2.3 导轮外径和泵壳内径间隙见下表(略)。

6.5 什么是故障维修

在设备的使用过程中,出于各种各样的原因,设备丧失了既定的功能,我们称设备出现了故障。以解决故障为目的的维修,称为故障维修。故障维修在一些企业也称为应急维修。设备出现了故障,其表现形式可能是以下几个方面中的一种或几种:

1) 设备停止不能再继续工作了。

2) 设备的效率达不到期望的要求。

3) 设备生产出来的产品质量达不到要求。

4) 设备的安全性能达不到要求。

5) 设备在消耗、排放、噪声、温度、振动等方面存在异常。

6) 设备存在跑、冒、滴、漏等现象。

6.6 推行故障维修的目的

推行故障维修的目的有以下几个方面：
1）减少故障发生的频率，尽量使设备的 MTBF 延长。
2）提高故障发生后维修的效率，在尽可能短的时间使设备恢复正常，降低设备故障对生产的影响，即尽量使设备的平均维修时间（Mean Time To Repair，MTTR）缩短。
3）降低设备的故障率。
4）控制故障维修的成本在合理的范围之内。

6.7 如何推行故障维修

推行故障维修，主要从以下两个方面开展工作：
1）改变员工对故障维修管理的固有观点，详见"表 6-20 员工观念的改变"。
2）按照 PDCA 闭环管理的理念，建立设备故障维修管理机制，使设备故障维修管理形成 PDCA 的管理闭环。

6.8 推行故障维修的案例

6.8.1 企业简介

企业简介参见"6.4.1 企业简介"。

6.8.2 开展故障维修的背景

广东××管材有限公司在开展设备故障维修管理活动之前，设备故障维修管理非常粗放，没有设备故障维修管理的机制，具体表现如下：

（1）电话报修，维修人员现场维修

当设备发生故障时，一般由生产线的班组长用电话向设备维修的值班人员报修，如图 6-9 所示。维修的值班人员到生产线的现场进行检查与故障维修，然后请操作工试机,质检人员检验生产出的产品合格后,维修的值班人员即完成维修任务。

图 6-9 班组长电话报修设备故障

(2)没有对故障维修进行记录

生产线的班组长不填写报修单,设备部门及生产部门都没有对故障维修进行详细的记录。

(3)没有故障维修管理的指标与目标

没有设立故障维修管理的指标与目标,以指标为导向来引导设备故障维修管理持续进步的意识不明确。

6.8.3 活动的目的

广东××管材有限公司拟通过推行故障维修管理活动,达到以下两个方面的目的:

1)设立故障维修管理的指标来衡量设备故障维修管理的水平。以指标为导向,驱动设备故障维修管理持续进步。

2)建立指标管理的规范,明确指标的定义、计算方法、数据收集方法,就管理指标开展数据收集、统计、分析、改善等方面的工作。

6.8.4 活动的指标与目标

活动的指标与目标见表 6-18。

表 6-18 活动的指标与目标

指　　标	2018 年	2019 年目标
故障率	1%	0.2%

6.8.5 活动的计划

故障维修管理改善活动的计划见表6-19。

表6-19 故障维修管理改善活动的计划

序号	工作内容	2019年											
		1月	2月	3月	4月	5月	6月	7月	8月	9月	10月	11月	12月
1	故障维修管理的导入培训	△											
2	成立故障维修管理改善小组	△											
3	明确故障维修管理的流程	△	△										
4	明确故障率的计算公式、数据的统计流程	△	△										
5	对故障率的数据进行统计、分析、改善	△	△	△	△	△	△	△	△	△	△	△	△
6	建立设备故障维修人员的快速响应机制	△	△	△	△	△	△	△	△	△	△	△	△
7	零件、部件精准管理	△	△	△	△	△	△	△	△	△	△	△	△
8	故障维修工器具精准管理	△	△	△	△	△	△	△	△	△	△	△	△
9	设备操作人员操作技能训练	△	△	△	△	△	△						
10	故障维修人员维修技能训练	△	△	△	△	△	△						
11	建立《设备故障维修管理制度》并落地实施									△	△	△	△

6.8.6 活动的内容

(1) 故障维修管理的导入培训

故障维修管理的导入培训主要是使全体员工改变固有的观念,接受新的观念,见表6-20。

表6-20 员工观念的改变

序号	固有的观念	新的观念
1	只要是设备,早晚都要出故障的	设备出现故障是设备管理工作没有做到位
2	设备不出故障,设备存在的问题很难被发现	设备故障是可防可控的,设备故障的出现是设备疏于管理的表现形式

(2) 成立故障维修管理改善小组

为了实现故障维修管理改善的目标,广东××管材有限公司成立了故障维修管理改善小组,其组织架构如图6-10所示。

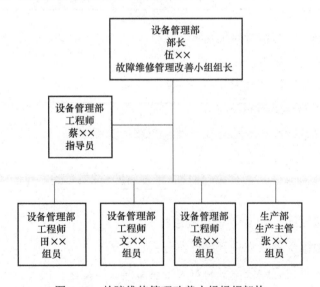

图6-10 故障维修管理改善小组组织架构

组织架构中的各岗位职责见表6-21。

表6-21 组织架构中的各岗位职责

序号	岗位名称	职责
1	设备管理部（部长，伍××，故障维修管理改善小组组长）	全面负责故障维修管理改善小组的工作，确定项目推行要达到的指标与目标，请求公司在人、财、物方面提供资源，确保项目推行成功
2	设备管理部（工程师，蔡××，指导员）	负责故障维修管理的培训，制订项目实施计划并定期检讨项目实施进度；负责组织项目例会及宣传等方面的工作
3	设备管理部（工程师，田××，组员）	负责带领设备部的机电维修人员从设备备件储备、维修人员技能提升等方面进行改善，对设备出现的突发故障实施快速响应及快速修复，降低停机时间
4	设备管理部（工程师，文××，组员）	对故障率的数据进行定期收集、统计、分析，当故障率数据出现异常时，组织设备部及生产部进行改善
5	设备管理部（工程师，侯××，组员）	负责设计故障统计管理所需的表单，编制故障维修管理的各种流程，建立设备故障维修管理制度
6	生产部（生产主管，张××，组员）	负责培训操作工正确地操作、维护保养设备，确保故障停机数据的正确记录

（3）明确故障维修管理的流程

故障维修工单处理流程如图6-11所示。

设备事故处理流程如图6-12所示。

委外维修流程如图6-13所示。

（4）明确故障率的计算公式、数据的统计流程

故障率的计算公式如下：

$$故障率 = \frac{等待维修时间+维修时间+试机时间}{设备开动时间} \times 100\%$$

故障率按照图6-14所示的流程进行统计。

（5）对故障率的数据进行统计、分析、改善

广东××管材有限公司每周对关键设备的故障率进行统计分析，这里以关键设备"3#挤出机"为例来进行说明。3#挤出机第1周（W1）至第8周（W8）的数据如图6-15所示。

对3#挤出机的每月故障停机次数进行统计分析，其中5月的数据如图6-16所示。

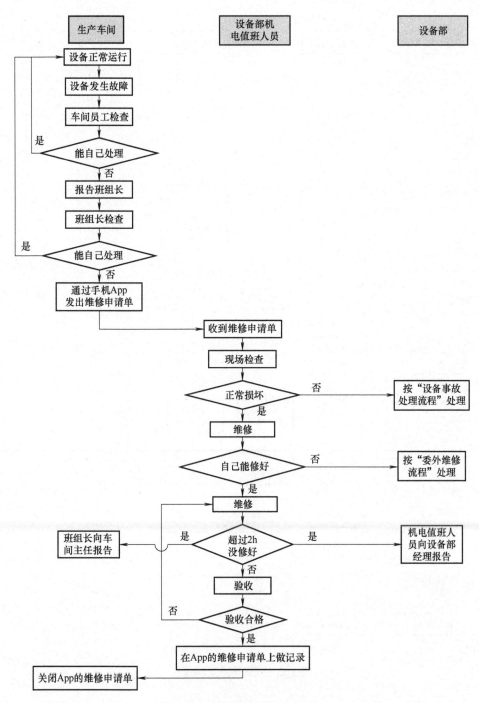

图 6-11 故障维修工单处理流程

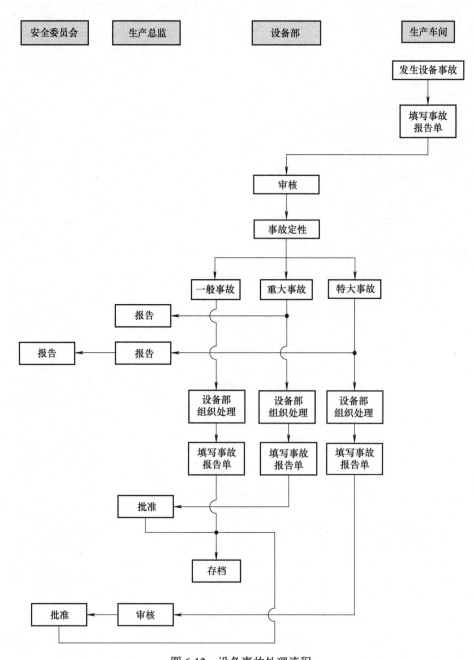

图 6-12 设备事故处理流程

第6章 TPM的八大支柱之三：专业维修

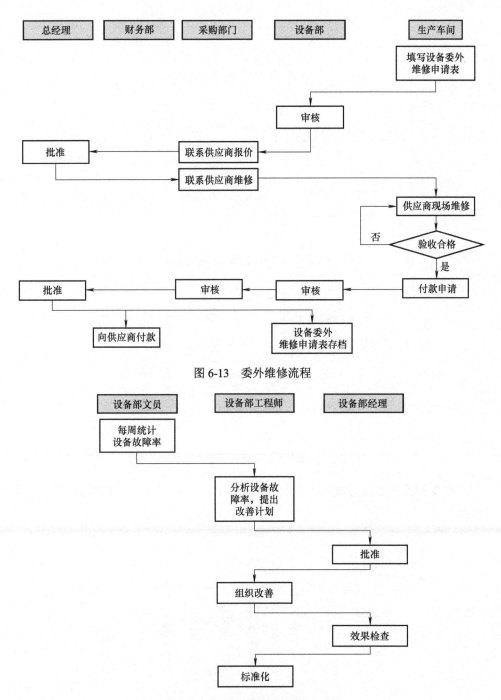

图 6-13 委外维修流程

图 6-14 设备故障率数据统计流程

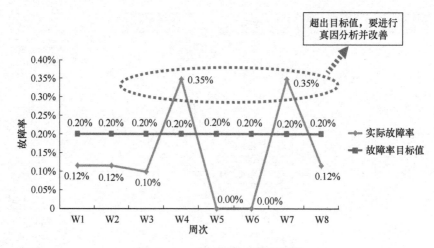

图6-15 3#挤出机的故障率数据

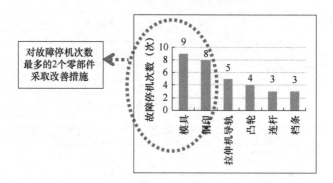

图6-16 3#挤出机5月故障停机次数统计分析

对3#挤出机的每月故障停机时间进行统计分析,其中5月的数据如图6-17所示。

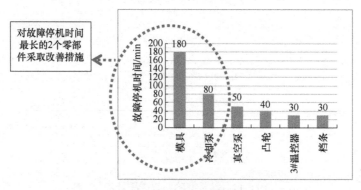

图6-17 3#挤出机5月故障停机时间统计分析

（6）建立设备故障维修人员的快速响应机制

要求设备故障维修人员必须在 5min 之内赶到故障设备的现场。其中采取的措施之一是，将所有设备故障维修人员的联系方式张贴到每一台关键设备上。

（7）零件、部件精准管理

重新梳理了设备备件的储备，在关键设备的旁边建立机旁配件箱，以此储备急需的配件。

（8）故障维修工器具精准管理

对一些关键设备，在维修中需要特定工具的，进行专门研发、配备。

（9）设备操作人员操作技能训练

生产主管及设备工程师制订培训计划，通过培训、训练提升设备操作人员的操作技能。

（10）故障维修人员维修技能训练

针对电气技术人员对设备控制程序掌握不够的突出问题，把电气技术人员"送出去"进行专门的编程培训。

（11）建立《设备故障维修管理制度》并落地实施

《设备故障维修管理制度》的核心内容是"故障维修管理的 PDCA 闭环"，如图 6-18 所示。

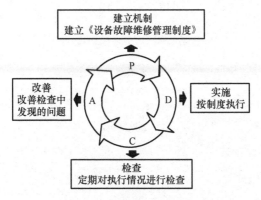

图 6-18　故障维修管理的 PDCA 闭环

6.8.7 活动的成果

广东××管材有限公司通过优化设备的故障管理,关键设备的故障率从故障维修改善活动开始前的 1%下降到了 0.2%,下降幅度达到 80%,达到了预期的目标,如图 6-19 所示。

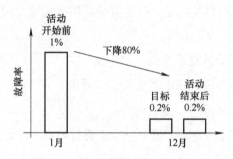

图 6-19　改善前后的关键设备故障率对比

第 7 章

TPM 的八大支柱之四：教育训练

7.1 什么是教育训练

推行 TPM 的目的是通过人的体质改善，以及设备的"体质"改善，最终实现企业的"体质"改善。这其中的人的体质改善，就是通过教育训练来实现的。

TPM 的教育训练要做的第一个方面的工作就是，要提升操作工操作设备的能力，及其对设备进行自主维护的能力。TPM 的教育训练要做的第二个方面的工作就是，要提升维修工在设备维修、管理方面的能力。

7.2 推行教育训练的目的

7.2.1 培养精通设备的操作工

"我操作，你维护"的观念在企业普遍存在，在这种观念的主导下，操作工只负责使用设备，认为设备的维护保养是维修工的事。实际情况是，由于维修工忙于设备维修，并没有多少时间去顾及设备维护保养的工作。"我操作，你维护"的结果就是设备故障频发，导致生产线的产量及质量不稳定。因此，要培养精通设备的操作工，负责设备的操作及自主维护的工作，让维修工有更多的时间从事设备预防性维修的工作，确保设备的稳定性与可靠性。

操作工应具备的能力如图 7-1 所示。

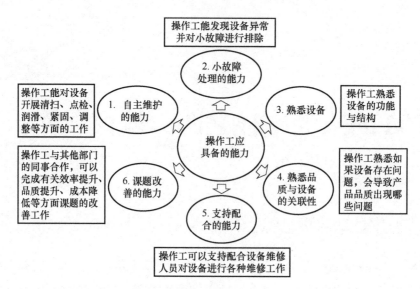

图 7-1　操作工应具备的能力

7.2.2　培养精通设备维修与管理的维修工

维修工应具备的能力如图 7-2 所示。

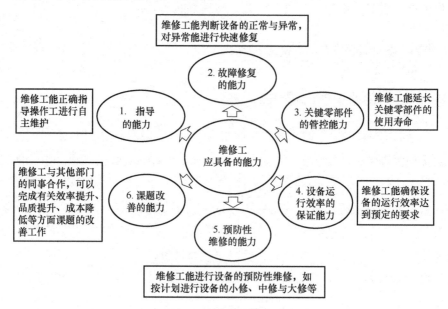

图 7-2　维修工应具备的能力

7.3 如何开展教育训练工作

开展教育训练有五个工作步骤,这五个步骤的逻辑关系如图7-3所示。

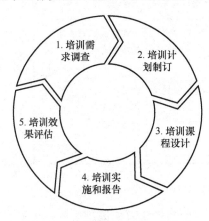

图7-3 教育训练的五个工作步骤

(1)培训需求调查

培训需求调查的流程如图7-4所示。

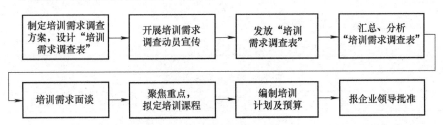

图7-4 培训需求调查的流程

××有限公司使用的培训需求调查表见表7-1。

表7-1 培训需求调查表

公司名称:××有限公司　编制:张××　日期:20××年1月4日　审核:付××　日期:20××年1月4日							
培训项目	需求对象	培训方式	课时/h	衡量方式	培训目标	需求部门
数字万用表校准工作技能	计量检定员	授课	8~16	理论考试 实操考试	掌握万用表的校准方法,取得万用表校准检定员证	实验室

（2）培训计划制订

××有限公司使用的培训实施计划表见表 7-2。

表 7-2　培训实施计划表

公司名称：××有限公司　　编制：黄××　　日期：20××年1月10日　　审核：钱××
日期：20××年1月12日　　批准：李××　　20××年1月15日

培训项目	需求对象	培训方式	课时/h	衡量方式	培训目标	需求部门	实施人	实施日期	资金预算（万元）
数字万用表校准工作技能	计量检定员	授课	8～16	理论考试 实操考试	掌握万用表的校准方法，取得万用表校准检定员证	实验室	祝××	20××年3月14日—15日	0.8

（3）培训课程设计

培训实施人根据自己所负责讲授的课程进行培训课程的设计。

（4）培训实施和报告

将培训实施计划表中安排的课程落地实施，对培训是否达到既定的目标要以书面形式报告。

（5）培训效果评估

××有限公司使用的培训效果评估表见表 7-3。

表 7-3　培训效果评估表

讲师姓名		培训日期	年　月　日			主导部门		培训部	
培训课程名称						填表人姓名			
评估项目	评估内容			配分				得分合计	
		5	4	3	2	1			
讲师部分	讲师仪容仪表与精神状态								
	讲师的表达能力与综合素质								
	课堂气氛与互动效果								
	讲师授课专业技能水平								
	讲师控场能力与临场应变能力								
课程部分	课程逻辑是否清晰合理								
	培训内容是否重点突出								
	PPT 等培训资料是否美观大方								

(续)

评估项目	评估内容	配分					得分合计
		5	4	3	2	1	
课程部分	课程设计是否有新意,是否具有吸引力						
	案例是否贴近实际并具有启发性						
	课程内容是否对实际工作有帮助						
培训组织	培训器材是否良好并合理运用						
	周围环境是否影响培训正常开展						
"得分合计"与评估结果的对应关系: (1) 13~33:不及格;(2) 34~43:及格;(3) 44~53:良;(4) 54~65:优							
意见或建议							

7.4 推行教育训练的案例

下面介绍广东××管材有限公司 2019 年开展教育训练活动的情况。该公司通过开展教育训练活动,在培养精通设备的操作工和培养精通设备的维修工两方面都取得了不错的成绩。

7.4.1 企业简介

广东××管材有限公司简介参见"6.4.1 企业简介"。

7.4.2 推行教育训练的背景

广东××管材有限公司经过广泛的培训调查,并分析教育训练的现状,得出在教育训练方面存在的突出问题,具体如下:
1) 缺乏多能工管理机制。
2) 预防性维护保养能力不够。
3) 基层人员发现问题的能力不足。

所以该公司决定推行 TPM 的教育训练,强化企业"体质"。

7.4.3 活动的目的

广东××管材有限公司开展教育训练活动的目的如下:

1）提升操作工发现问题、改善问题的能力。

2）提升员工设备预防性维护的能力。

3）建立员工晋升通道，做好员工职业规划。

7.4.4 活动的指标与目标

教育训练推行活动的指标与目标见表7-4。

表7-4 教育训练推行活动的指标与目标

序号	指标	2018年	2019年目标
1	受训时数（小时/（年/人））	33	45
2	开班数量（次）	50	100
3	讲师数量（个）	130	170
4	多能工数量（个）	30	50
5	获得国家认可的证书（个）	10	15

7.4.5 活动的计划

2019年，广东××管材有限公司教育训练活动的推行工作计划见表7-5。

表7-5 教育训练活动的推行工作计划

序号	工作内容	具体工作	1月	2月	3月	4月	5月	6月	7月	8月	9月	10月	11月	12月
1	操作技能提升	建立操作技能培训教室	△	△	△	△								
		教材编写				△								
		多能工培训及验证												
2	维护保养技能提升	建立维护保养技能培训教室	△	△	△	△								
		教材编写				△								
		多能工培训及验证					△							
3	教育训练体系强化	内部讲师制度建立						△	△	△				
		培训体系的建立						△	△	△				

(续)

序号	工作内容	具体工作	1月	2月	3月	4月	5月	6月	7月	8月	9月	10月	11月	12月
4	内训与外训的培训计划安排与执行	制订年度培训计划	△	△	△	△	△	△	△	△	△	△	△	△
		讲师安排和教材准备	△	△	△	△	△	△	△	△	△	△	△	△
		培训实施及效果评价	△	△	△	△	△	△	△	△	△	△	△	△
5	TPM技能提升	建立TPM技能提升道场				△	△	△	△	△	△			

7.4.6 活动的内容

在2019年的教育训练活动中，广东××管材有限公司按推行工作计划完成了各项工作任务，主要开展了以下活动：

（1）建立活动的组织架构

广东××管材有限公司为了教育训练活动的推行工作，建立了组织架构，如图7-5所示。

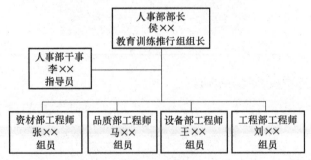

图7-5 教育训练活动的组织架构

1）由人事部部长侯××担任教育训练推行组组长，负责协调必要的资源（人、财、物等），以确保教育训练推行工作持续有效地开展，审核与教育训练相关的管理制度及推行计划，统筹协调教育训练推行组开展活动。

2）人事部干事李××担任指导员，出谋划策，负责教育训练推行工作的策划及咨询工作。

3）资材部工程师张××，负责TPM培训道场的建立。

4）品质部工程师马××，负责基层人员发现问题能力的培训。

5）设备部工程师王××，负责员工设备预防性维护能力的提升工作。

6）工程部工程师刘××，负责多能工管理机制的建立与落实工作。

（2）建立操作技能培训教室

操作技能培训教室中用于操作工实操培训的设备"数控插齿机"如图 7-6 所示。

图 7-6　数控插齿机

（3）建立维护保养技能培训教室

维护保养技能培训教室中用于操作工维护保养培训的液压油箱如图 7-7 所示。

图 7-7　液压油箱

（4）建立多能工岗位津贴制度

广东××管材有限公司在教育训练活动的推行中，建立了多能工岗位津贴制度。图 7-8 所示的操作工，既能开车床，又能操作线切割机，每个月享有专门的津贴。

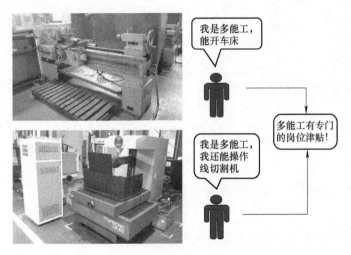

图 7-8　多能工

（5）建立内部讲师制度并进行认证

在 2019 年教育训练活动结束时，广东××管材有限公司建立了讲师制度，内部讲师的数量达 179 名，培训学院、各部门、各车间的讲师数量及比例如图 7-9 所示。

图 7-9　培训学院、各部门、各车间的讲师数量及比例

（6）建立 TPM 技能提升道场

建立 TPM 技能提升道场，里面设置有机械传动、液压传动、气动、电气控制线路、电气安全等的培训实物，供操作工及维修工学习机械及电气的基本知识使用。其中，润滑油（脂）知识介绍的实物图片如图 7-10 所示。

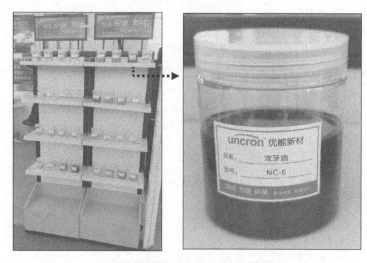

图 7-10　润滑油（脂）知识介绍

（7）建立操作工及维修工职级体系

广东××管材有限公司建立了各部门、各工种的职级体系，见表 7-6。其中包含了操作工及维修工职级体系的内容。

表 7-6　各部门、各工种的职级体系

序号	营销部	生产部	设计部	工程部	质量部	综合管理部	财务部	等级	职级津贴（元/月）
1	业务员、采购员	操作工、仓管员	设计师	维修工	质检员	文员、前台、人事专员、招聘专员	出纳、会计	三级	200
								二级	300
								一级	400
2	业务组长	班长	设计组长	工程组长	质量组长	综合管理组长	财务组长	三级	500
								二级	600
								一级	700
3	营销主管	主管	设计主管	工程主管	质量主管	综合管理主管	财务主管	三级	800
								二级	900
								一级	1000
4	营销经理	经理	设计经理	工程经理	质量经理	综合管理经理	财务经理	三级	1100
								二级	1200
								一级	1300
5	营销总监	生产总监	设计总监	工程总监	质量总监	综合管理总监	财务总监	高管	1500
6	总经理							高管	2000

(8) 针对操作工进行课程设置

广东××管材有限公司的操作工职级、技能目标及课程设置见表7-7。

表7-7 操作工职级、技能目标及课程设置

操作工职级	技 能 目 标	课 程 设 置
一级	储备班组长	参加储备干部培训班,课程如下:(1)班组长的角色;(2)沟通技巧;(3)班组建设;(4)礼貌礼仪;(5)情绪与压力管理;(6)团队激励;(7)异常与问题管理;(8)执行力;(9)时间管理;(10)精益及TPM基本知识;(11)早会管理;(12)工作的策划与执行
二级	1. 能完成岗位的日常工作并能予以改善 2. 可以指导三级操作工	二级工参加以下课程培训:(1)岗位数据分析及报表制作;(2)工序点巡检方法;(3)生产进度管理;(4)月末盘点要点;(5)如何进行产品切换;(6)新员工教导
三级	在老员工的指导下可以熟练完成岗位工作	1. 入厂培训课程:(1)公司简介;(2)产品及工艺的基本知识;(3)体系的基本知识;(4)厂规厂纪 2. 岗位培训的内容:(1)岗位工艺知识;(2)设备安全操作规程;(3)设备的自主维护;(4)常见不良品及原因分析;(5)人、机、料、法、环变更控制要点;(6)异常联络处置;(7)交接班管理

(9) 针对维修工进行课程设置

广东××管材有限公司的维修工职级、技能目标及课程设置见表7-8。

表7-8 维修工职级、技能目标及课程设置

维修工职级	技 能 目 标	课 程 设 置
一级	储备班组长	参加储备干部培训班,课程如下:(1)班组长的角色;(2)沟通技巧;(3)班组建设;(4)礼貌礼仪;(5)情绪与压力管理;(6)团队激励;(7)异常与问题管理;(8)执行力;(9)时间管理;(10)精益及TPM基本知识;(11)早会管理;(12)工作的策划与执行
二级	1. 可以完成岗位的改善工作 2. 可以指导三级维修工	1. 钳工专业技能类:(1)Auto-CAD绘图;(2)机械设计;(3)新员工教导 2. 电工专业技能类:(1)可编程序控制器的程序编制;(2)数字电路基础知识;(3)新员工教导
三级	1. 在老员工的指导下能完成岗位工作 2. 能指导操作工完成自主维护	1. 钳工 钳工入厂时应该持有"钳工"的职业资格证书,在此基础上,接受以下课程培训:(1)注塑机、挤出机的结构及工作原理;(2)气路、液压控制系统;(3)真空系统 2. 维修电工 维修电工入厂时应该持有维修电工的职业资格证书,在此基础上,接受以下课程培训:(1)注塑机、挤出机的电气系统工作原理;(2)注塑机、挤出机常见电气故障及处理

7.4.7 活动的成果

经过一年推行教育训练活动，广东××管材有限公司取得的成果见表 7-9。

表 7-9 推行教育训练活动的成果

序 号	指 标	2018 年	2019 年目标	2019 年实际	结 果
1	受训时数（小时/(年/人)）	33	45	48	达到目标
2	开班数量（次）	50	100	102	达到目标
3	讲师数量（个）	130	170	179	达到目标
4	多能工数量（个）	30	50	60	达到目标
5	获得国家认可的证书（个）	10	15	16	达到目标

在 2019 年成果的基础上，广东××管材有限公司打算继续推行教育训练，表 7-10 是 2020 年的初步计划。

表 7-10 2020 年推行教育训练的初步计划

序 号	工 作 内 容	负 责 人	2020 年目标
1	建立影像培训教材库	马××	完成影像培训教材 20 册
2	持续培养多能工，优化认证体系	齐××	90 人获得多能工资格证书
3	建立点检员认证体系，培养点检员	何××	20 人获得点检员资格证书
4	进行保养能手认证	刘××	80 人获得保养能手资格证书
5	优化 TPM 技能提升道场	叶××	增加可编程序控制器的实操培训内容

第 8 章

TPM 的八大支柱之五：初期管理

初期管理活动主要包括两方面工作——设备初期管理活动和产品初期管理活动。

8.1 什么是设备初期管理

从设备规划开始到设备验收阶段的管理，称为设备初期管理，如图 8-1 所示。

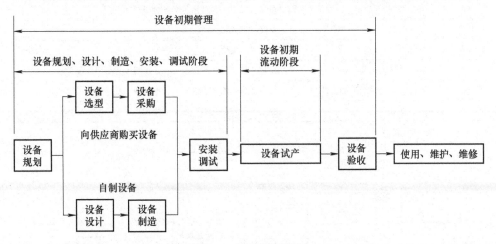

图 8-1　设备初期管理

设备初期流动（设备试产）阶段主要开展以下几个方面工作：

1）确定设备满负荷运行时的工序能力。

2）与设备相配套的搬运或周边辅助设备的准备。

3）编制设备安全操作规程、操作工自主维护基准书、工艺基准书、点检基准书、换模（换产）基准书、预防性维修基准书等文件。

4）设备试生产的记录信息。

5）设备使用、维修人员的培训。

8.2 开展设备初期管理活动的目的

通过开展设备初期管理活动，达到以下三个方面的目的：

（1）制造出优良性能的设备，降低设备寿命周期费用

1）制造出优良性能的设备。设备初期管理要求设备的设计部门（或供应商），设计（或生产）出具有表8-1所列优良性能的设备。

表8-1 设备的优良性能

序号	设备的优良性能	性 能 解 释
1	可靠性好	设备不容易出故障
2	容易维护保养	容易进行清扫、加油润滑、检查等维护保养工作
3	容易维修	容易诊断、发现故障部位并容易复原
4	安全性好	不容易发生人身及设备的安全事故
5	节省能源	单位产品能耗少
6	容易使用	容易操作使用
7	不容易导致产品缺陷	针对产品品质有专门的设计，不容易导致产品缺陷
8	产品有缺陷时能自动识别	发生产品缺陷时能给出声、光报警，提醒操作人员
9	兼容性好	能生产不同种类的产品，适用面广

制造出优良性能设备的逻辑关系如图8-2所示。

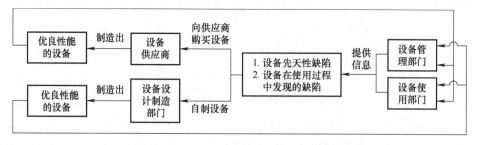

图8-2 制造出优良性能设备的逻辑关系

2）降低设备寿命周期费用。设备的获得成本（向供应商购买设备的成本或自制设备的成本）与设备的运行成本（使用、维护、维修的成本），二者之间要平衡。也就是说,既要在设备规划、设计、制造、安装、调试阶段成本合理,达到用户对设备预期的要求,又使设备在使用、维护、维修阶段的费用不能太高。

开展设备初期管理活动,最主要的目的是通过制造出优良性能的设备,降低设备寿命周期费用,即使设备寿命周期费用的总成本(Total Cost,TC)最小化。

$$TC=IC+RC+FC$$

式中,IC 为获得成本;RC 为运行成本;FC 为失效成本,即设备由故障、品质不良、安全事故导致的成本。

(2)在设备初期管理阶段,防患故障于未然

在设备规划、设计、制造、安装、调试阶段,通过改善活动,设备初期流动阶段(设备试产阶段)存在的故障最少。

(3)缩短设备初期管理的时间

对图 8-1 做进一步的分析,可以得出以下几点结论:

1)设备初期流动(设备试产)阶段设备的表现,反映出设备规划、设计、制造、安装、调试阶段工作质量的优劣。

2)要想使设备初期流动(设备试产)阶段的时间缩短,设备规划、设计、制造、安装、调试阶段的工作就要做好。

3)缩短设备初期管理时间的逻辑关系如图 8-3 所示。

图 8-3 缩短设备初期管理时间的逻辑关系

8.3 如何开展设备初期管理活动

8.3.1 维修预防

维修预防(Maintenance Prevention,MP)是指在设备的规划和设计阶段,通过开展以下几个方面的工作,达到尽量减少设备维修或免维修的目的:

1)收集设备在试产阶段存在的问题及设备在使用、维护、维修中存在的问题,反馈给设备设计部门或设备供应商,开展减少设备维修或免维修方面的设计。

2)采用新技术。

3）设计中，为满足设备的优良性能（见表8-1）有针对性地开展工作。

8.3.2 建立 MP 信息收集机制

××公司 MP 信息收集过程如图 8-4 所示。

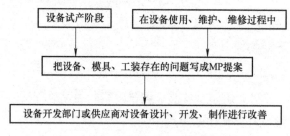

图 8-4　××公司 MP 信息收集过程

8.3.3 明确设备必须具备的优良性能

在开发设备时，首先要明确设备必须具备的优良性能。设备必须具备的优良性能见表 8-1。

一般建立 MP 检查指引，有针对性地指导设备设计开发人员，对照 MP 检查指引，检讨设计工作。针对设备的优良性能建立的 MP 检查指引见表 8-2。

表 8-2　设备的优良性能与 MP 检查指引

序号	设备的优良性能	性能解释	MP 检查指引
1	可靠性好	设备不容易出故障	可靠性检查指引
2	容易维护保养	容易进行清扫、加油润滑、检查等维护保养工作	维护保养性检查指引
3	容易维修	容易诊断、发现故障部位并容易复原	维修性检查指引
4	安全性好	不容易发生人身及设备的安全事故	安全性检查指引
5	节省能源	单位产品能耗少	节能性检查指引
6	容易使用	容易操作使用	可使用性检查指引
7	不容易导致产品缺陷	针对产品品质有专门的设计，不容易导致产品缺陷	品质保证性检查指引
8	产品有缺陷时能自动识别	发生产品缺陷时能给出声、光报警，提醒操作人员	侦错性检查指引
9	兼容性好	能生产不同种类的产品，适用面广	兼容性检查指引

××公司建立的维护保养性检查指引见表8-3。

表8-3 维护保养性检查指引

必须具备的性能	序号	检查项目
容易清扫	1	太高的地方能否设置爬梯，方便清扫
	2	太低的地方能否设置局部照明，方便点检与清扫
	3	需要清扫的部位，手和清扫工具能否进入
	4	是否已尽量将配线、配管放置在线槽（管）内，方便清扫
	5	机器工作所产生的碎屑、垃圾是否容易收集
	6	精密部位应该设计防尘措施
	7	各种槽、沟、旮旯是否容易清扫
容易加油润滑	1	润滑油液位是否有液位高低标识
	2	是否有加油润滑指示图
	3	废润滑油是否容易收集
	4	油枪、油壶等是否容易伸到加油的部位
容易点检	1	机器防护盖容易拆装吗
	2	须点检的部位是否需要安装局部照明
	3	须点检的部位是否设计有点检标识牌
	4	各调节旋钮、手柄是否有刻度标识
	5	各种指针式仪表是否有指针正常指示位置的颜色标识
	6	点检的标准是否张贴在点检的位置

8.3.4 建立设备初期管理体系

建立设备初期管理体系，使设备初期管理有章可循。××公司《设备初期管理规定》中的设备初期管理流程图如图8-5所示。

对图8-6做以下说明：

1）图8-6中设置了三次设计评审，就是为了能及时发现设计中的问题并改善，确保设备在初期流动管理阶段耗时最少，从而缩短整个设备的开发周期。

2）在"草拟项目设计方案书"及"机械设计、电气设计"阶段，要求将设备的优良性能的因素考虑进设计中，并且要求参考《MP信息反馈提案》改善设计。

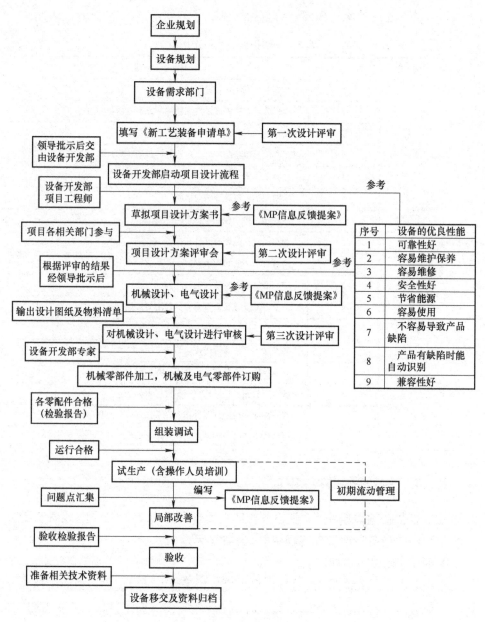

图 8-5 设备初期管理流程图

3）在试生产（含操作人员培训）阶段，要求把发现的设备问题编写成《MP信息反馈提案》。

8.4 开展设备初期管理活动的案例

8.4.1 企业简介

广州××公司是全球第二大的微型钻头生产企业。该公司的产品及生产设备如图8-6所示。

a) 微型钻头　　　　　　　　b) 生产设备

图8-6　广州××公司的产品及生产设备

8.4.2 开展设备初期管理活动的背景

广州××公司自身有一个设备开发团队，公司生产所需的设备大部分由自身设计、制造，少部分非常专业的设备，向供应商购买。为了提升设备开发团队的开发水平，设计出更适合自身使用的设备，公司决定于2019年导入TPM的设备初级管理活动，增强设备的开发能力。

8.4.3 活动的目的

广州××公司导入初级管理活动的主要目的见表8-4。

表8-4　活动的目的

序　号	活　动　目　的
1	建立MP的反馈管理体系
2	将设备、模具、工装、夹具存在的问题及时反馈到设备设计部门

8.4.4 活动的指标与目标

开展设备初级管理活动的指标是提高 MP 的提案份数。2018 年以前，广州××公司不重视设备的初级管理，没有开展 MP 提案的活动。活动的指标及 2019 年要达到的目标值见表 8-5。

表 8-5 活动的指标与目标

指　标	2018 年	2019 年目标	MP 提案的改善率
MP 的提案份数（件）	0	190	90%

8.4.5 活动的计划

设备初期管理项目的活动计划见表 8-6。

表 8-6 活动计划

序号	工作内容	具体工作	1月	2月	3月	4月	5月	6月	7月	8月	9月	10月	11月	12月
1	意识培训	设备初级管理的意识培训	△											
2	现状调查分析	设备初级管理的现状调查分析	△	△	△									
3	建立管理系统	设备初级管理流程及管理办法制定		△	△	△	△	△	△	△	△	△	△	△
4	MP 收集与运用	MP 管理机制的建立，即建立设备 MP 收集、审核、资讯归档等的流程与制度		△	△	△	△	△	△	△	△	△	△	△
		MP 收集的具体落实（包括 MP 收集、审核、资讯归档等）		△	△	△	△	△	△	△	△	△	△	△
		MP 运用（包括设备设计的改善、推广和购买新设备的参考意见）		△	△	△	△	△	△	△	△	△	△	△

8.4.6 活动的内容

广州××公司在设备初期管理活动中开展的工作如下：

（1）成立项目的组织架构

设备初期管理活动项目的组织架构如图 8-7 所示。

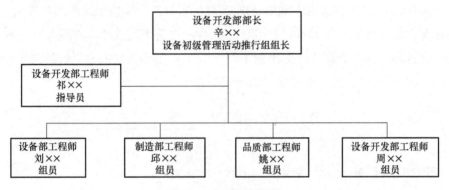

图 8-7 项目的组织架构

项目的组织架构中，各岗位的职责见表 8-7。

表 8-7 各岗位职责

序号	岗位名称	职责
1	设备开发部部长（辛××，设备初级管理活动推行组组长）	协调公司的资源，确保设备初级管理组各项活动的开展并实现既定的目标，负责对外协调沟通
2	设备开发部工程师（祁××，指导员）	负责设备初级管理活动开展的导入培训、项目计划制订及咨询方面的工作
3	设备部工程师（刘××，组员）	负责统筹设备部门开展设备初期管理活动，如故障率、平均故障间隔时间、平均维修时间的统计分析；负责设备部门 MP 提案活动的开展
4	制造部工程师（邱××，组员）	负责制造部门 MP 提案活动的开展，将制造部门在设备日常使用维护中发现的设备问题整理成 MP 提案，反馈给设备设计部门
5	品质部工程师（姚××，组员）	负责品质部门 MP 提案活动的开展
6	设备开发部工程师（周××，组员）	负责 MP 管理体系的设计与建立，主导 MP 工作的开展；负责 MP 体系的日常维护与管理

（2）建立设备初期管理活动的机制

在设备初期管理活动的开展中，广州××公司建立了《设备初级管理办法》及《MP信息反馈提案管理办法》，并将这两个管理办法落地实施。

8.4.7 活动的成果

2019年，广州××公司通过MP信息反馈提案及审核表的形式共收到MP的提案份数190件，审核通过并改善175件，改善率达92%，实现了活动初期的既定目标。MP信息收集的流程简图如图8-8所示，MP信息收集的流程如图8-9所示，MP信息反馈提案及审核表见表8-8。

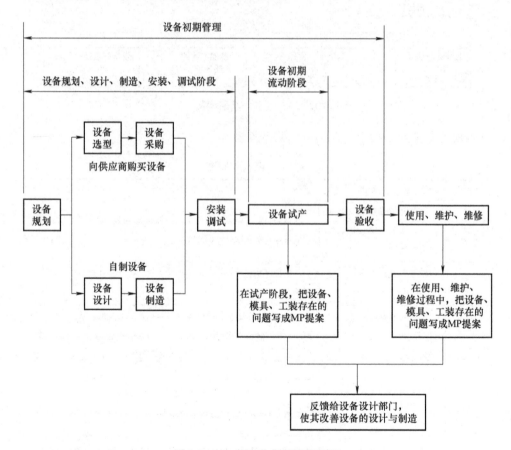

图8-8 MP信息收集的流程简图

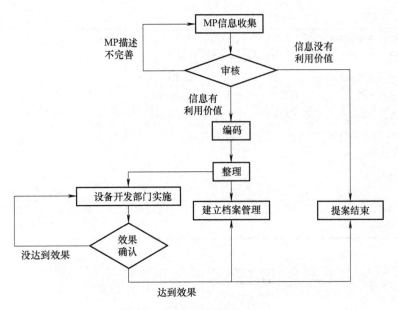

图 8-9 MP 信息收集的流程

表 8-8 MP 信息反馈提案及审核表示例

提案编号：			提案日期：		年 月 日
提案名称					
部门		提案人		提案人岗位名称	
设备名称		设备规格型号		审核人	
参与提案人					
提案类别	○设备　○模具　○工装夹具　○其他				
存在的问题描述（提案人填写）：					
改善方案描述（设备设计部门或供应商填写）： 1. 改善方案；2. 所需材料、工具、资金、人员等；3. 实施此提案所需的时间；4. 必要时可附图说明，纸张不足请另加附页					
预计达到的改善效果（设备设计部门或供应商填写）：（如节省多少金额、工时，降低不良率的百分比，提高效率的百分比等）					
提案人的直属主管评估其可行性、价值及技术性。 审核人：					

（续）

本提案经评委会评审结果：□采用；○全部采用　○部分采用　○修正后采用 □保留：○全部保留供参考　○部分保留供参考　○不采用 评委会负责人签名：　　　　　　　　　　　　日期： 预计实施日期：　　　实施单位：　　　　　主办实施者： 预计验证日期：　　　验证单位：　　　　　验　证　人： 实施结果：○达到预期目的　　○接近预期目的　　○没达到预期目的 实施结果描述： 　　　　　　　　　　　　　　　　　　　　　　　　　　　验证者/日期：	
表单流程：提案人填写后，直属主管审核，评委会评审，交到设备设计部门或供应商，使其按评委会评审结果进行改善	

8.5　什么是产品初期管理

从产品开发立项到量产成功的管理，称为产品初期管理。

广州××车轮制造有限公司的产品初期管理包括以下 5 个阶段：

1）策划和定义项目阶段。

2）产品设计和开发阶段。

3）过程设计和开发阶段。

4）产品和过程确认阶段。

5）反馈、评定和纠正措施阶段。

产品初期管理的 5 个阶段如图 8-10 所示。

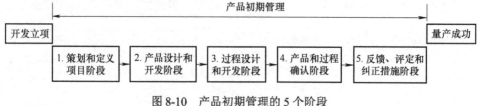

图 8-10　产品初期管理的 5 个阶段

8.6　开展产品初期管理活动的目的

开展产品初期管理活动的目的如下：

1）确保产品的基本功能。
2）生产制造过程中容易保证产品质量。
3）容易生产制造。
4）缩短产品初期流动阶段的时间，缩短产品的开发周期。

广州××车轮制造有限公司的产品初期流动阶段就是反馈、评定和纠正措施阶段，包括量产、量产后产品变更、量产后工程变更、量产评审4个过程，如图8-11所示。

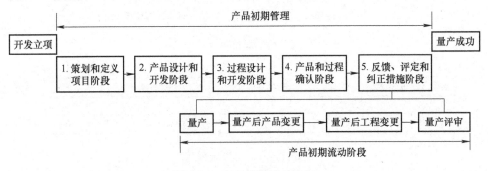

图8-11 产品初期流动阶段

8.7 如何开展产品初期管理活动

1）开展容易制造的产品设计活动。容易制造的产品是指在产品设计开发完成之后，在大批量生产阶段，产品非常容易生产制造，生产制造成本低，生产制造过程中安全性好、工人劳动强度低。

2）建立产品初期管理机制。产品初期管理机制是指在产品的开发、设计、量产过程中应该遵循的规定或规范，确保产品在初期流动阶段的时间短，顺利量产。

8.8 开展产品初期管理活动的案例

8.8.1 企业简介

广州××车轮制造有限公司的总部位于广东省广州市，主要产品是汽车轮毂。其原材料及产品如图8-12所示，生产工艺流程简图如图8-13所示。

a) 原材料: 铝锭　　　　　　b) 产品: 汽车轮毂

图 8-12　原材料及产品

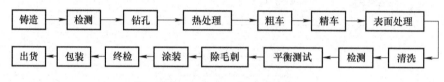

图 8-13　生产工艺流程简图

8.8.2　开展产品初期管理活动的背景

项目开展初期,广州××车轮制造有限公司项目组在产品开发方面对自身的内外部情况进行了分析。其中,内部存在以下几个方面的问题:

1) 产品开发时间长。

2) 样品开发时间长。

3) 初期流动时间长。

4) 内部系统各部门缺乏横向联系。

外部环境如下:

1) 同行的产品创新快,更新速度快。

2) 客户需求变化快,客户订货都是少批量、多品种。

3) 客户对产品在健康、环保方面的要求越来越高。

4) 同行竞争白热化。

所以,该公司为了提升自身的竞争能力,决定导入 TPM,缩短产品的开发周期。

8.8.3 活动的目的

缩短产品开发的时间，提升自身的竞争能力。

8.8.4 活动的指标与目标

活动的指标是产品开发的时间。通过改善活动，缩短产品开发的时间。活动的指标与目标见表 8-9。

表 8-9 活动的指标与目标

指标	2019 年	2020 年	目标
产品开发的时间（天）	180	140	2020 年将产品开发的时间缩短 40 天

8.8.5 活动的计划

开展项目的活动计划见表 8-10。

表 8-10 活动计划

序号	工作内容	具体工作	1月	2月	3月	4月	5月	6月	7月	8月	9月	10月	11月	12月
1	意识培训	产品开发流程优化导入培训	△											
2	参观考察、资讯收集	产品开发优秀厂商的参观、考察，产品开发初期管理相关资讯收集	△	△										
3	现状调查分析	产品开发现状调查分析	△	△	△									
4	流程优化	优化产品开发流程		△	△	△	△	△	△	△	△	△	△	△

8.8.6 活动的内容

(1) 成立项目的组织架构

项目的组织架构如图 8-14 所示。

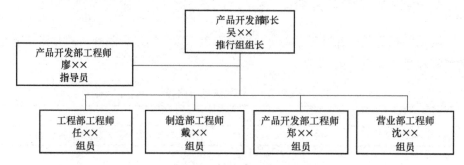

图 8-14 项目的组织架构

项目的组织架构中,各岗位的职责见表 8-11。

表 8-11 各岗位职责

序号	岗位名称	职责
1	产品开发部部长(吴××,推行组组长)	统筹初级管理组各项推行改善工作的开展,保证初级管理组正常运行,负责对外协调沟通
2	产品开发部工程师(廖××,指导员)	出谋划策,负责初级管理推行工作的策划及咨询工作
3	工程部工程师(任××,组员)	在产品开发优化过程中,负责工程部门内部的协调、沟通与联络,包括工序过程优化、工艺参数优化等
4	制造部工程师(戴××,组员)	在产品开发优化过程中,负责制造部门内部的协调、沟通与联络
5	产品开发部工程师(郑××,组员)	负责优化产品开发流程
6	营业部工程师(沈××,组员)	代表项目组,负责与产品用户的沟通联络

(2) 意识培训

举行产品开发流程优化的导入培训,使大家统一思想性,接受产品开发管理改善的基本概念,掌握产品开发管理改善的基本方法。

(3) 现状调查分析

广州××车轮制造有限公司的产品初期管理包括 5 个阶段,如图 8-10 所示。

该公司的产品初期流动阶段，如图 8-11 所示。该公司 2019 年产品开发的周期平均为 180 天，为了满足客户的需要，领导决定将产品开发的周期缩短为 140 天，这是同行业的最高水平。

（4）针对策划和定义项目阶段的改善

针对策划和定义项目阶段，项目组提出了 10 个改善意见，完成改善 8 个，改善率为 80%。改善后的策划和定义项目阶段的流程见表 8-12。

表 8-12 改善后的策划和定义项目阶段的流程

阶段编号	阶段名称	流程编号	流程名称	设计评审的次数	评审的重点	输出的内容
1	策划和定义项目阶段	1	立项			《新产品开发建议书》 新产品开发市场评价表
		2	可行性评审	第一次设计评审	与类似产品进行试验检验项目对比分析，类似产品生产质量信息	《新产品可行性评估报告》《类似产品经验总结报告》
		3	商务评审	第二次设计评审	班产量及报废率，所需模具及数量等	《新工艺、新产品报价（核价）资料》
		4	技术评审	第三次设计评审	新产品开发的技术难度及各工序是否可以生产该产品	《新产品技术评审报告》
		5	立项批准			《新产品立项批准书》
		……	……	……	……	……
		10	确定产品保证计划			《产品保证计划》
		11	小组评审	第四次设计评审	策划和定义项目阶段存在的问题及落实情况	《项目阶段评审记录》

(5) 针对产品设计和开发阶段的改善

针对产品设计和开发阶段,项目组提出了 20 个改善意见,完成改善 18 个,改善率为 90%。改善后的产品设计和开发阶段的流程见表 8-13。

表 8-13　改善后的产品设计和开发阶段的流程

阶段编号	阶段名称	流程编号	流程名称	设计评审的次数	评审的重点	输出的内容
2	产品设计和开发阶段	1	设计失效模式和效应分析(DFMEA)	第一次设计评审	开发风险分析及应对措施	《DFMEA 检查清单》
		2	产品设计			《产品设计图纸》
		3	产品验证			《弯曲疲劳试验报告》
		4	设计评审	第二次设计评审	设计开发及对各工序的适合性	《新产品技术评审报告》
		5	客户确认			《产品标准》
		……	……	……	……	……
		14	样件生产与测试			《全尺寸检验报告》
		15	样件评审	第三次设计评审	重要尺寸及性能检查等	产品送样确认单
		……	……	……	……	……
		19	小组评审	第四次设计评审	新产品开发计划的完成情况等	阶段评审记录

(6) 针对过程设计和开发阶段的改善

针对过程设计和开发阶段,项目组提出了 18 个改善意见,完成改善 12 个,改善率为 67%。改善后的过程设计和开发阶段的流程见表 8-14。

(7) 针对产品和过程确认阶段的改善

针对产品和过程确认阶段,项目组提出了 8 个改善意见,完成改善 5 个,改善率为 63%。改善后的产品和过程确认阶段的流程见表 8-15。

表 8-14 改善后的过程设计和开发阶段的流程

阶段编号	阶段名称	流程编号	流程名称	设计评审的次数	评审的重点	输出的内容
3	过程设计和开发阶段	1	包装设计			《包装作业指导书》
		2	确定过程流程图			《过程流程图》
		3	确定车间平面布置图			《车间平面布置图》
		4	确定特殊特性矩阵图			《特殊特性矩阵图》
		5	过程失效模式和效应分析（PFMEA）	第一次设计评审	工程失效模式及应对措施	PFMEA 检查表
		6	试生产提出			《试生产计划》
		……	……	……	……	……
		12	确定初始过程能力研究计划			《初始过程能力研究计划》
		13	小组评审	第二次设计评审	过程设计和开发阶段存在的问题及落实状况	《过程设计和开发阶段报告》

表 8-15 改善后的产品和过程确认阶段的流程

阶段编号	阶段名称	流程编号	流程名称	设计评审的次数	评审的重点	输出的内容
4	产品和过程确认阶段	1	试生产			模具试做、试生产跟踪表
		……	……	……	……	……
		9	工程审核	第一次设计评审	量产前工程准备的情况	《工程审核报告》
		10	质量策划评审	第二次设计评审	各工序生产的情况	《批量生产通知单》
		11	复制模开发			《复制模开发任务书》

（8）针对反馈、评定和纠正措施阶段的改善

针对反馈、评定和纠正措施阶段（产品初期流动阶段），项目组提出了 14 个改善意见，完成改善 10 个，改善率为 71%。改善后的反馈、评定和纠正措施阶段的流程见表 8-16。

表 8-16　改善后的反馈、评定和纠正措施阶段的流程

阶段编号	阶段名称	流程编号	流程名称	设计评审的次数	评审的重点	输出的内容
5	反馈、评定和纠正措施阶段（产品初期流动阶段）	1	量产			《量产工作通知单》《初期流动管理计划书》
		2	量产后产品变更			
		3	量产后工程变更			
		4	量产评审	第一次设计评审	主要工序成品率、产量达成情况、初期流动管理审核的情况	《初期流动管理解除报告》

（9）5 个阶段的改善汇总

5 个阶段的改善汇总见表 8-17。

表 8-17　5 个阶段的改善汇总

阶段编号	阶段名称	流程数量	设计评审的次数
1	策划和定义项目阶段	11	4
2	产品设计和开发阶段	19	4
3	过程设计和开发阶段	13	2
4	产品和过程确认阶段	11	2
5	反馈、评定和纠正措施阶段（产品初期流动阶段）	4	1

由表 8-17 可以看出，广州××车轮制造有限公司的产品开发在改善后的 5 个阶段的流程中共进行了 13 次设计评审。设计评审的目的是要确保各个阶段的工作质量，评审发现的问题应及时予以改善，使产品在初期流动阶段能顺利通过，缩短产品初期流动阶段的时间，进而缩短整个产品的开发时间，实现快速量产。

8.8.7　活动的成果

广州××车轮制造有限公司的产品开发流程，经过 2020 年一年的改善，达到了项目预期的目标（将产品开发的时间缩短 40 天）。产品开发周期时间的改善前后对比见表 8-18。

表 8-18 产品开发周期时间的改善前后对比

序号	阶段名称	产品开发的时间（天）		结 果
		2019年改善前	2020年改善后	
1	策划和定义项目阶段	30	26	2020年产品开发时间较2019年减少40天
2	产品设计和开发阶段	60	45	
3	过程设计和开发阶段	30	25	
4	产品和过程确认阶段	30	20	
5	反馈、评定和纠正措施阶段（产品初期流动阶段）	30	24	
	合　计	180	140	

第 9 章

TPM 的八大支柱之六：间接事务

9.1 什么是间接事务

TPM 的"间接事务"是指企业的间接事务部门在推行 TPM 时开展改善活动。在一般的工厂中，直接部门是指直接参与制造产品的部门，如生产部、设备部、品质部等。间接事务部门是指不直接参与制造产品的部门，如产品研发部、采购部、财务部、销售部、人力资源部、人事行政部等。

9.2 间接事务部门开展 TPM 活动的目的

随着 TPM 在企业的普及、推行，人们发现，要想让生产经营系统效率最大化，只靠生产部门的努力是远远不够的，还需要公司的间接事务部门一起参与，共同努力，才能达到目标。所以，间接事务部门也要开展 TPM 活动。

湖北省××集团的创始人谭先生，为企业提出了"工作警语"，其中最后一句是"销售围绕市场转，生产围绕销售转，部门围绕生产转"，"工作警语"中的"部门"就是指间接事务部门，即研发、人事行政部、财务部、采购部等部门。"销售围绕市场转，生产围绕销售转，部门围绕生产转"的理念，可以用图 9-1 所示的示意图来形象地表示。

所以，间接事务部门开展 TPM 活动的目的是通过优化、完善间接事务部门的管理，让生产经营系统效率最大化，支持销售部门，更好地满足客户的需求。

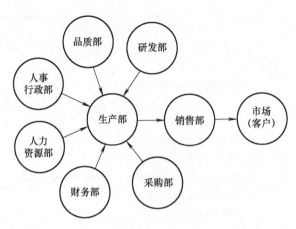

图 9-1 "销售围绕市场转,生产围绕销售转,部门围绕生产转"示意图

9.3 间接事务部门如何开展 TPM 活动

间接事务部门有三个要素,即人、业务工作、办公物品。在推行 TPM 时,间接事务部门应围绕这三个方面来开展改善活动。

在人的方面,以提高工作技能、管理技能作为改善的主要方向。在业务工作方面,以提高工作效率作为改善的主要方向。在办公物品方面,以推行 5S 管理作为改善的主要方向。

在推行 TPM 时,间接事务部门可以开展的改善活动见表 9-1。

表 9-1 间接事务部门可以开展的改善活动

序号	部门名称	可以开展的改善活动
1	采购部	(1) 原材料的采购成本降低 (2) 原材料的采购周期缩短 (3) 原材料的合格率提高
2	销售部	(1) 销售额进一步扩大 (2) 销售成本进一步降低
3	研发部	(1) 产品研发的周期缩短 (2) 通过研发改善,将产品的制造成本降低

(续)

序号	部门名称	可以开展的改善活动
4	人事行政部	（1）食堂的管理工作做得更好，让员工有一个好的就餐环境，员工可以吃上可口的饭菜 （2）宿舍的管理工作做得更好，让员工可以更好地休息 （3）将企业管理的流程进行梳理，提高工作效率，缩短产品的交期 （4）为员工提供更多的培训 （5）如何更快地招到新员工？ （6）员工的离职率能不能控制得更低？ （7）改善提案的年人均件数能否进一步提高？
5	财务部	（1）企业的运营成本降得更低 （2）货款回收更加及时 （3）进一步降低办公费用

9.4 间接事务部门开展 TPM 活动的案例

下面介绍深圳××公司间接事务部门通过推行 TPM，在改善提案的提升、业务流程的梳理、降低原材料库存天数等方面取得的成绩。

9.4.1 企业简介

深圳××公司简介参见"4.4.1 企业简介"。

9.4.2 开展 TPM 活动的背景

深圳××公司共有 7 个间接事务部门，分别是研发部、管理部、销售部、采购部、人事行政部、资材部、财务部。在推行 TPM 之前，公司 TPM 推行办公室进行了详细调查走访，发现间接事务部门主要存在以下两个方面的问题：

（1）5S 管理差

深圳××公司的日常 5S 自主维护很差，尤其是销售部和财务部。

销售部的 5S 管理做得不好，具体表现在以下 4 个方面：

1）整个办公室办公场地非常小，办公桌椅多，显得很拥挤。

2）销售部员工办公桌面的物品放置随意，杂乱无序。图 9-2 是其中的一个场景。

图 9-2 销售部杂乱的办公现场

3）客户到销售部购买产品，对于购买产品的流程不清楚，不得不到处找人询问，这给客户带来不便。

4）大量的文件、展览产品的货架随意放置在办公室的各个角落，没有整理，也没有标识。

财务部的 5S 管理做得不好，具体表现在以下两个方面：

1）客户到财务部付款，对于付款流程不清楚，缺乏目视化管理。

2）办公用品使用存在浪费的现象。不经常使用的物品闲置较多；一些物品在某些部门有多余的，而其他部门却正在申请购买。

（2）处理事务工作的流程长、耗时长

比如，物品购买从申请到批准的流程过长。

所以，深圳××公司决定导入 TPM 的间接事务改善活动，提高间接事务部门的工作环境与工作效率，提升企业的整体形象。

9.4.3 活动的目的

各间接事务部门推行 TPM，开展改善活动的目的如下：

1）部门业务流程优化，提升办事效率，更好地为生产部门服务。

2）消除各类办公用品的不合理损耗。

3）推行 5S 管理,创建整洁、高效、舒适、可视化的办公环境。

9.4.4　活动的指标与目标

深圳××公司的间接事务部门推行 TPM,开展改善活动,活动的指标与目标见表 9-2。

表 9-2　活动的指标与目标

序号	指 标 名 称	2018 年	2019 年目标
1	改善提案（年人均件数）	8	16
2	重新梳理业务流程	按照原有的业务流程开展工作	完成各间接事务部门业务工作流程的梳理
3	加强 5S 检查（次）	12	24
4	降低原材料库存天数	原材料库存天数为 82 天	在 2018 年的基础上下降 20%

9.4.5　活动的计划

间接事务部门开展改善的活动计划见表 9-3。

表 9-3　活动计划

序号	工作内容	具体工作	1月	2月	3月	4月	5月	6月	7月	8月	9月	10月	11月	12月
1	提升改善提案件数	改善提案的培训与宣传发动	△											
		修改提案管理办法,加大激励力度		△										
		改善提案的实施、评比、激励			△	△	△	△	△	△	△	△	△	△
2	重新梳理业务流程	研发部、管理部、营业部、工程部、采购部、人力资源部、资材部重新梳理业务流程		△	△	△	△	△	△	△	△	△	△	
3	加强 5S 检查	建立 5S 标准并实施	△	△	△	△	△	△	△	△	△	△	△	△
		5S 检查（每月 2 次）	△	△	△	△	△	△	△	△	△	△	△	△

（续）

序号	工作内容	具体工作	1月	2月	3月	4月	5月	6月	7月	8月	9月	10月	11月	12月
4	降低原材料库存天数	供应商协助降低库存		△	△	△	△	△	△	△	△	△	△	△
		实行库存定额控制		△	△	△	△	△	△	△	△	△	△	△

9.4.6 活动的内容

1）建立活动的组织架构。深圳××公司的间接事务部门为了实现改善活动的目标，建立了推行改善活动的组织架构，如图9-3所示。

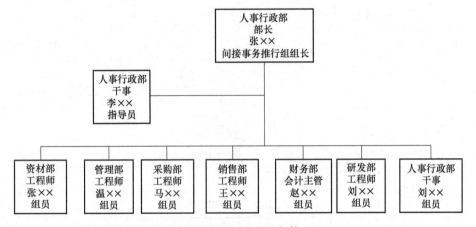

图9-3 活动的组织架构

组织架构中的各岗位职责见表9-4。

表9-4 组织架构中的各岗位职责

序 号	岗 位 名 称	职 责
1	人事行政部（部长，张××，间接事务推行组组长）	总体统筹间接事务推行组的推行工作，制定推行的指标与目标，协调公司的资源，确保推行项目成功
2	人事行政部（干事，李××，指导员）	负责项目推行策划，建立5S管理检查机制并组织实施，制定5S管理标准
3	资材部（工程师，张××，组员）	负责梳理资材部的业务流程梳理及5S管理推行
4	管理部（工程师，温××，组员）	负责管理部的业务流程梳理及5S管理推行
5	采购部（工程师，马××，组员）	负责采购部的业务流程梳理及5S管理推行

（续）

序 号	岗 位 名 称	职 责
6	销售部（工程师，王××，组员）	负责销售部的业务流程梳理及5S管理推行
7	财务部（会计主管，赵××，组员）	负责财务部的业务流程梳理及5S管理推行
8	研发部（工程师，刘××，组员）	负责研发部的业务流程梳理及5S管理推行
9	人事行政部（干事，刘××，组员）	负责人事行政部的业务流程梳理及5S管理推行

2）各间接事务部门每个季度开展改善提案竞赛活动。

3）各间接事务部门梳理优化各项工作的业务流程。图9-4是采购部梳理的采购申请管理流程。

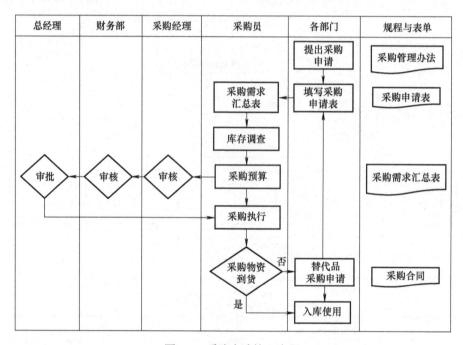

图9-4 采购申请管理流程

4）对采购回来的物品，在入库企业资源计划（ERP）系统时，对流程进行简化，由原来的4个步骤减少为2个步骤。

5）对不合格品的处理流程进行优化、改善。

6）办公室开展5S管理活动，建立5S标准80项，使大家在开展与维持5S活动时有标准可循。图9-5是电话机放置的5S标准及应用实例。

a) 电话机放置的5S标准　　　　b) 应用实例

图9-5　电话机放置的5S标准及应用实例

7) 建立5S检查、评比、激励、改善的机制并落地实施。

8) 开展办公室多余物品的清理、流转的改善活动。

9) 对原材料库存进行彻底的盘点，分A、B、C类管理，重新制定最低库存额度，减少供应商在库物品储量等。

10) 开展其他改善活动，如财务部开展缩短货款回收周期的改善活动，销售部开展客户话术演讲比赛等。

9.4.7　活动的成果

深圳××公司的间接事务部门通过开展一系列的改善活动取得了显著的活动成果，见表9-5。

表9-5　活动成果

序号	指标	2018年	2019年目标	实际完成	结果
1	改善提案（年人均件数）	8	16	18	完成既定目标
2	重新梳理业务流程	按照原有的业务流程开展工作	完成各间接事务部门业务工作流程的梳理	完成了所有间接事务部门共120项业务流程的梳理工作，其中物品采购周期同比下降23%	完成既定目标
3	加强5S检查（次）	12	24	24	完成既定目标
4	降低原材料库存天数	原材料库存天数为82天	在2018年的基础上下降20%	原材料库存天数降低18天，下降比例为22%	完成既定目标

第 10 章

TPM 的八大支柱之七：品质维护

10.1 什么是品质维护

广义的品质维护，就是企业建立质量管理体系。实际上，在企业推行 TPM（全面生产管理）时，鼓励企业采纳 ISO 9000 质量管理系列国际标准，获得 ISO 9000 质量管理体系认证。

狭义的品质维护，就是在人、机、料、法、环中，把影响产品品质的因素识别出来，进行监测、点检，确保各因素在标准值以内，如果有某些因素超出标准值出现异常，可能会影响产品品质，就要事先采取措施进行预防控制。狭义的品质维护如图 10-1 所示。

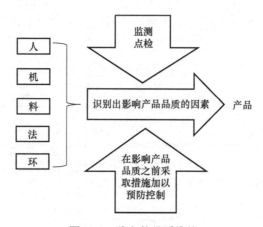

图 10-1 狭义的品质维护

"品质维护"概念提出的背景如下：

1989 年，日本设备维护协会为了适应企业全面推行 TPM 的需要，把 TPM

的概念从"全员生产维护"修改为"全面生产管理",在TPM的框架中增加了间接事务、品质维护及安全与环境三方面的内容,也就是在"全面生产管理之屋"中增加了间接事务、品质维护及安全与环境三个支柱。在那个年代,企业的品质管理水平普遍不高,缺乏系统的品质管理的理论、方法与工具。当时,国际标准化组织ISO于1987年发布ISO 9000质量管理系列国际标准,这份标准在各企业还没有得到广泛的普及与应用。

所以,1989年日本设备维护协会在TPM的框架中提出"品质维护"的理念,要求企业开展品质的预防管理活动是具有前瞻性的,是契合广大企业的需求的。

10.2 开展品质维护活动的目的

开展品质维护活动的目的就是,在产品的开发设计、生产制造及销售服务等各个环节,对影响品质的因素进行识别与管控,以预防品质问题的发生,将品质管理从传统的以事后检验为主的管理方式转变为以事前预防为主的管理方式。开展品质维护活动的终极目标是零不良。

10.3 如何开展品质维护活动

10.3.1 成立质量维护推行小组

××公司的车间质量维护推行小组包括质量检验组、维修组、生产组、制技组、来料组,如图10-2所示。

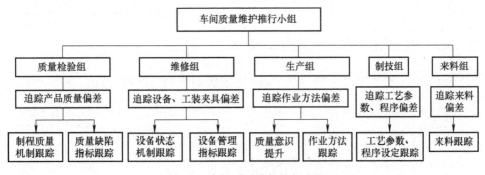

图10-2 车间质量维护推行小组

10.3.2 明确质量维护推行小组的职责

××公司的车间质量维护推行小组的职责见表10-1。

表10-1 车间质量维护推行小组的职责

序号	小组名称	职责
1	车间质量维护推行小组	1. 车间质量维护推行的统筹、协调 2. 车间质量维护制度的建立、修改 3. 车间质量维护推行工作的监督和考核 4. 车间质量维护输出内容的处理、跟进
2	质量检验组	1. 车间在线产品质量的跟踪、数据统计分析、汇报 2. 协助维修组做好产品质量缺陷的原因分析 3. 协助维修组做好设备维修验收 4. 协助车间做好质量维护效果评估
3	维修组	1. 产品质量缺陷的原因分析 2. 相关设备维修 3. 协助车间做好质量维护效果评估
4	生产组	1. 协助质量检验组做好在线产品质量的跟踪、数据统计分析、汇报 2. 协助维修组做好产品质量缺陷的原因分析、设备维修 3. 协助维修组做好设备维修验收 4. 协助车间做好质量维护效果评估工作
5	制技组	负责与品质相关的工艺参数、程序等方面的调整工作
6	来料组	负责来料的品质管控工作

10.3.3 建立质量构成要因分析表

（1）质量构成要因分析与产品品质不良预防之间的逻辑关系

质量构成要因分析与产品品质不良预防之间的逻辑关系如图10-3所示。

（2）建立质量构成要因分析表

××公司建立的4种质量构成要因分析表如下：

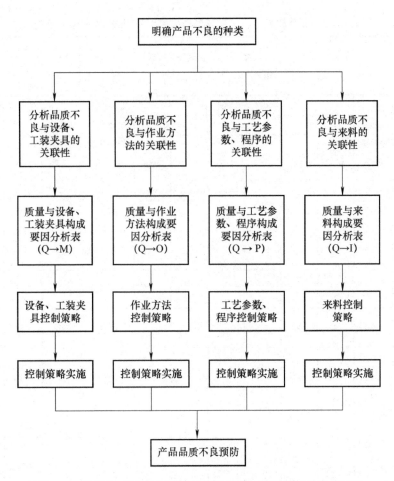

图 10-3 质量构成要因分析与产品品质不良预防之间的逻辑关系

1）质量与设备、工装夹具构成要因分析表（Q→M）。

2）质量与来料构成要因分析表（Q→I）。

3）质量与作业方法构成要因分析表（Q→O）。

4）质量与工艺参数、程序构成要因分析表（Q→P）。

我们仅以"质量与设备、工装夹具构成要因分析表（Q→M）"来说明质量构成要因分析表的构成，见表 10-2。

表 10-2　质量与设备、工装夹具构成要因分析表（Q→M）示例

产品	××	质量与设备、工装夹具构成要因分析表（Q→M）					编制日期	2019 年 4 月 3 日		
设备名称	××机组						编制人员	乔××		
设备部位	质量特征构成要素	××产品外观缺陷					设备部位、工装夹具存在问题的表现形式	设备、工装夹具的控制策略		
		A类		B类		C类		周期	方法	处理
		漏气	空头	孔洞	黄斑	夹末	皱纹				
VE高压风机	轴承	⑥	⑤					磨损	半年	耳听	更换、加注油脂
VE高压风机	V带	⑥	⑤					打滑、破损	每月	目测	更换
梗丝分离	挡板			①				位置移动	每月	目测	调整
吸丝风室	吸丝带	⑤	④					破损	每班	目测	更换
吸丝风室	吸丝带导轮轴承	⑤	④					磨损	每月	手摸	更换
吸丝风室	吸丝带导轨	⑤	④					磨损	每月	目测	更换
修整盘总成	油封				②			老化、破损	半年	检查	更换
修整盘总成	修整盘		①					磨损	半年	测量	更换
吸丝风室	铲刀		②					磨损	三个月	目测	更换
卷制成型	烟舌头		③			①		磨损	三个月	目测	更换
卷制成型	喷胶枪						③	位置移动	每班	目测	调整

说明：表中的"①②③④⑤⑥"代表设备部位影响该质量缺陷的频繁程度，由①到⑥程度依次降低。例如：①表示该部位造成此类质量缺陷最为频繁，②表示该部位造成此类质量缺陷的频繁程度次之。

10.3.4 建立质量维护运作流程

××公司建立的质量维护运作流程如图10-4所示。

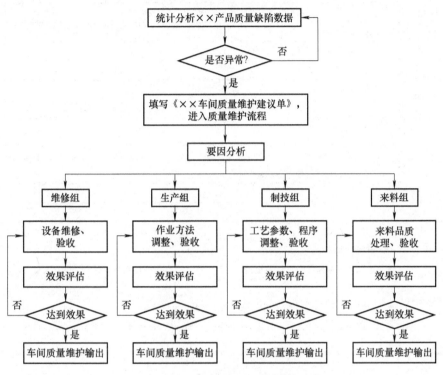

图10-4 质量维护运作流程

10.3.5 统计分析产品质量缺陷数据

（1）品控数据统计

质量检验组的品控员需每日对前一日的厂部抽检、车间专检、巡检、自检等结果进行统计，形成××车间××物理指标日报表（质量）、××车间卷制与包装质量检验情况日报表、××车间成型装箱质量检验情况日报表等。

（2）综合分析产品质量缺陷数据

综合分析产品质量缺陷数据，必要时填写《××车间质量维护建议单》，进入质量维护流程。《××车间质量维护建议单》见表10-3。

表 10-3 《××车间质量维护建议单》示例

机台:			□A 型机	□B 型机	□C 型机	□D 型机	□E 型机
质量缺陷描述	缺陷名称			缺陷类型	□A 类	□B 类	□C 类 □其他
	缺陷描述:						
	建议由谁处理: □维修组 □生产组 □制技组 □来料组						
	提出人/日期:				批准人/日期:		
缺陷原因及采取的措施描述	原因分析及采取措施: 填写人/日期:						
	验收意见: 验收人/日期:						
效果评估	效果评估意见:						
	建议纳入: □自主维护 □维修点检 □状态检测 □质量构成要因分析表 □作业方法培训 □参数、程序管控 □来料控制						
				评估人/日期:			
审核人:				日期:			

说明: 1. 本单中的"质量缺陷描述"一栏,由提出人(检验工、机台人员)填写,经品控员批准,交给相应组别的负责人。

2. 本单中的"缺陷原因及采取的措施描述"一栏,由缺陷处理人员填写,由机台人员、检验工验收。

3. 本单中的"效果评估"一栏,由车间质量维护推进小组填写。

4. 本表一式两份。提出人保留一份,质量维护推进小组保留一份。由××车间归口管理,保存期 1 年。

10.4 开展品质维护活动的案例

下面介绍深圳××公司通过推行 TPM 开展品质维护活动,使品质管理得到提升的过程。

10.4.1 企业简介

深圳××公司简介参见"4.4.1 企业简介"。

10.4.2 开展品质维护活动的背景

2017—2018 年,深圳××公司在产品的生产过程中存在品质不稳定的情况,具体表现在以下几个方面：
1）因产品不良率经常波动，使得品管部门对产品不良率下降的信心不足。
2）有客户投诉，同类型品质问题频繁发生，无法杜绝。
3）缺乏系统性的品质管控手法。
4）在预防品质问题发生方面做得不够。

深圳××公司对产品进行首检、中途抽查（中途抽查使用的工作台见图10-5）及末位产品检验，对检测数据进行一定程度的统计分析，并且对存在的一些问题采取纠正措施。但是，品质管理预防意识不足，没有采取系统性的措施预防品质问题的发生。品质管理处在"事后检验+有限的纠正措施"的状态。

图10-5 产品抽查使用的工作台

所以，深圳××公司决定导入TPM的品质维护支柱，提升产品的品质管理。

10.4.3 活动的目的

开展品质维护活动的目的见表10-4。

表10-4 开展品质维护活动的目的

序号	活动目的
1	增强全员品质改善的意识和能力，提升产品合格率
2	运用工序管制手法，提升生产工序的管控能力
3	扩大品质体系审核的范围和频率，增强品质系统的完整性
4	杜绝同类品质异常再发，提升顾客满意度
5	挑战品质"零不良"

10.4.4 活动的指标与目标

深圳××公司开展品质维护活动的指标与目标见表 10-5。

表 10-5 活动的指标与目标

序号	指　　标	2018 年	2019 年目标
1	××车间在线质量合格率	98.44%	98.80%
2	××车间质量缺陷 DPPM 下降	1459	640
3	重大客诉件数降低	4	0
4	质量要因分析表（Q→M）	0	4

注：1. DPPM：Defect Part Per Million，每百万产品中的不良品数。
　　2. 重大客诉是指赔偿金额在 20 000 元人民币以上的客诉事件。
　　3. Q：Quality，品质。M：Machine，机器设备。

10.4.5 活动的计划

品质维护活动开展的计划见表 10-6。

表 10-6 品质维护活动开展的计划

序号	工作内容	1月	2月	3月	4月	5月	6月	7月	8月	9月	10月	11月	12月
1	召开月度品质例会，检讨品质管控的情况	△	△	△	△	△	△	△	△	△	△	△	△
2	测量系统分析（MSA）导入		△	△	△	△	△	△	△	△	△	△	△
3	统计过程控制（SPC）导入		△	△	△	△	△	△	△	△	△	△	△
4	ISO 9001 品质控制系统完善	△	△	△	△	△	△	△	△	△	△	△	△
5	重大客诉件数降低专项改善活动	△	△	△	△	△	△	△	△	△	△	△	△
6	品质管理的教育训练	△	△	△	△	△	△	△	△	△	△	△	△

10.4.6 活动的内容

活动的内容主要包括以下 8 个方面：

1）建立活动的组织架构。建立品质维护活动的组织架构，如图 10-6 所示。

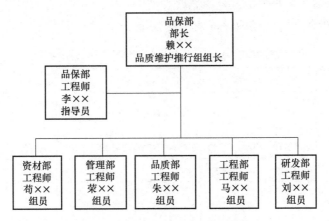

图 10-6　品质维护活动的组织架构

组织架构中的各岗位职责见表 10-7。

表 10-7　组织架构中的各岗位职责

序号	岗 位 名 称	职 责
1	品保部（部长，赖××，品质维护推行组组长）	总体统筹品质维护推行组的推行工作，制定推行的指标与目标，协调公司的资源，确保项目推行成功
2	品保部（工程师，李××，指导员）	负责品质维护项目的推行方案策划、咨询指导；负责召开月度品质例会
3	资材部（工程师，苟××，组员）	负责来料品质管控
4	管理部（工程师，荣××，组员）	负责 ISO 9001 品质控制系统完善
5	品质部（工程师，朱××，组员）	负责品质管理的教育训练
6	工程部（工程师，马××，组员）	负责统计过程控制（SPC）导入
7	研发部（工程师，刘××，组员）	负责测量系统分析（MSA）导入

2）开展"零不良"的品质改善管理活动。

3）建立品质缺陷的统计、分析、激励、改善、标准化的 PDCA 的闭环管理机制。

4）开展品质管理的 OPL 活动，让员工分享品质管理工作的经验与心得。

5）测量系统分析（MSA）导入并落地实施。

6）统计过程控制（SPC）导入并落地实施。

7）开展品质预防的专题培训活动，并建立品质缺陷预防的机制。

8）开展重大客诉件数降低课题改善活动。

重大客诉件数降低课题评价表见表 10-8。

表 10-8 重大客诉件数降低课题评价表示例

课题名称		重大客诉件数降低		部门				客服部		
序号	项目	细项			评价标准			评价结果	课题实际结果	课题得分
1	结果指标	改善度	效率提升	<10%	≥10%	≥15%	≥20%	≥30%	≥40%	不适用		27
			降价幅度	<3%	≥3%	≥4%	≥6%	≥8%	≥10%	不适用		
			不良率下降	<10%	≥10%	≥15%	≥20%	≥30%	≥40%	≥40%	42%	
			损耗下降	<10%	≥10%	≥15%	≥20%	≥30%	≥40%	不适用		
			配分	0~5	6~9	10~14	15~19	20~24	25~30	27		
		有形成果	一次性效益（万元）	<2	≥2	≥4	≥6	≥8	≥10	不适用		25
			三个月效益（万元）	<1	≥1	≥2	≥3	≥4	≥5	≥5	10.8	
			配分	1~5	6~9	10~13	14~17	18~21	22~25	25		
2	过程指标	人员培训达成率	<65%	≥65%	≥80%	≥90%	≥100%	≥65%	80%		2
		配分	1	2	3	4	5	2			
3	标准化指标	主要措施充分标准化，并在本事业部或集团推广					配分	15			12
		主要对策已经标准化并彻底落实					配分	12	12		
		主要对策已经标准化但落实不够彻底					配分	10			
		只有 50%对策已经标准化并落实					配分	0~7			
4	技术含量	技术含量高，在集团内属于首创					配分	8~10	8		8
		有一定技术含量，在集团内属于首创					配分	5~7			
		集团内其他事业部成功经验的展开和借鉴					配分	2~4			

（续）

序号	项目	细项	评价标准	评价结果	课题实际结果	课题得分
5	难度	课题富有挑战性，持续时间长，需要小组成员持续3个月以上的努力	配分	9~10	9	9
		课题有一定的挑战性，持续时间较长，需要小组成员1~2个月的努力	配分	7~8		
		课题挑战性一般，持续时间较短	配分	3~6		
6	课题总结	原始资料（数据、图片、记录）是否真实完整	配分	0~5	5	5
		开展过程各阶段资料完整，总结报告简单易懂	配分	0~5		
课题得分合计						88

点评：

2019年通过开展重大客诉件数降低课题，有效地降低了客户的投诉件数，尤其是将重大客户投诉件数降低为0，极大地提升了客户的满意度及公司形象。希望下一年度制定新的目标持续开展改善。

评价人：赖××　　　　　　　　　　　　　　　评价日期：2019年12月20日

课题得分、等级及对应的奖金	课题得分合计	≥85	≥75	≥65	<65	重大客诉件数降低课题：(1)课题得分合计是88分。(2)等级：金牌。(3)奖金10 000元。
	等级	金牌	银牌	铜牌	鼓励	
	奖金（元）	10 000	8000	6000	4000	

保存要求：书面或电子版/1年

10.4.7　活动的成果

深圳××公司开展品质维护活动的活动成果见表10-9。

表10-9　活动成果

序号	指标	2018年	2019年目标	2019年实际	结果
1	××车间在线质量合格率	98.44%	98.80%	98.88%	达成目标值
2	××车间质量缺陷DPPM下降	1459	640	629	达成目标值
3	重大客诉件数降低	4	0	0	达成目标值
4	质量要因分析表（Q→M）	0	4	4	达成目标值

××车间在线质量合格率趋势图如图 10-7 所示。

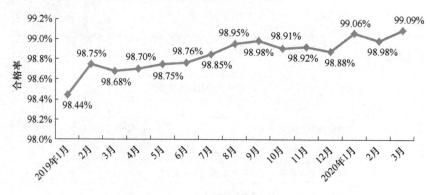

图 10-7 ××车间在线质量合格率趋势图

××车间质量缺陷 DPPM 趋势图如图 10-8 所示。

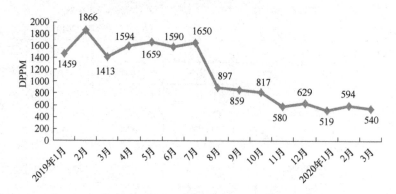

图 10-8 ××车间质量缺陷 DPPM 趋势图

完成了 4 个关键机种的质量要因分析表（Q→M），这里只展示其中的一个，见表 10-10。

第10章 TPM的八大支柱之七：品质维护

表10-10 ××机器的质量要因分析表（Q→M）示例

产品	××	质量要因分析表（Q→M）											编制日期	2019年3月3日		
设备名称	××包装机组												编制人员	李××		
质量特征构成要素		条装缺陷				盒装缺陷						设备部位存在问题的表现形式	周期	维护活动		
		A类 错装少装	B类 破损而不完整	C类 粘连而破损	C类 透明包装膜	A类 错支、缺支	A类 滤嘴脱落、短支	B类 破损、露出产品	B类 倒装、无关杂物	C类 表面	C类 透明包装膜			方法	处理
设备部位																
产品输送	输送带						①					破损	1个月	目测	更换
产品第二推进器	套口组件	②					③					磨损	3个月	手摸	调整、更换
夹紧爪	一号轮	④										磨损	3个月	手摸	调整、更换
铝箔纸负压吸风装置	负压带								②			磨损	2周	目测	拆下清理
铝箔纸加速装置	滚轮组件								①			磨损	1个月	测试滚轮之间的压力	调整、更换
二号轮	模具								③			磨损	3个月	使用工装	更换
商标输送	输送胶轮									④		磨损	3个月	使用工装	更换
五号轮	模合								③	①		磨损	3个月	目测	更换
U型切刀	U型刀										⑥	切割不良	1个月	手摸	更换
透明纸输送	胶轮	①									②	变形	1个月	用包装纸	调整、更换
成型窗口	导板	③									④	变形	1个月	用包装纸	调整、更换
成型轮	导板			④								磨损	1个月	手盘车	调整、更换
透明纸切刀	切刀			③	③							切割不良	1个月	目测	更换
负压吸风装置	管路		⑤	②	①							堵塞	1个月	目测	清洁
输送通道	第一通道											堵塞			清洁

说明：表中的"①②③④⑤⑥"代表设备部位影响该质量缺陷的频繁程度，由①到⑥程度依次降低。例如：①表示该部位造成此类质量缺陷最为频繁，②表示该部位造成此类质量缺陷的频繁程度次之。

第 11 章

TPM 的八大支柱之八：安全与环境

11.1 什么是安全与环境

广义的安全与环境，就是企业建立安全管理体系与环境管理体系。实际上，在企业推行 TPM 时，鼓励企业采纳 ISO 45001 职业健康安全管理体系，获得 ISO 45001 职业健康安全管理体系认证；鼓励企业采纳 ISO 14001 环境管理体系，获得 ISO 14001 环境管理体系认证。

狭义的安全与环境，就是要把影响安全与环境的因素识别出来，进行监测、点检，确保各因素在标准值以内，如果有某些因素超出标准值出现异常，可能会影响安全与环境，就要事先采取措施进行预防控制。狭义的安全与环境如图 11-1 所示。

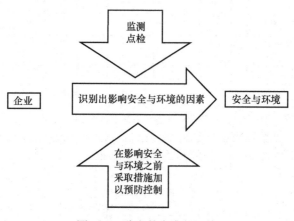

图 11-1 狭义的安全与环境

"安全与环境"概念提出的背景如下：

1989年,日本设备维护协会为了适应企业全面推行TPM的需要,把TPM的概念从"全员生产维护"修改为"全面生产管理",在TPM的框架中增加了间接事务、品质维护及安全与环境三方面的内容,也就是在"全面生产管理之屋"中增加了间接事务、品质维护及安全与环境三个支柱。在那个年代,企业的职业健康安全管理及环境管理水平普遍不高,缺乏系统的职业健康安全管理及环境管理的理论与方法。

ISO 14000环境管理系列国际标准是在1996年颁布的,比1989年日本设备维护协会提出"安全与环境"的概念晚了7年。OHSAS 18000职业健康安全管理标准于1999年颁布,比1989年日本设备维护协会提出"安全与环境"的概念晚了10年。

所以,1989年日本设备维护协会在TPM的框架中提出"安全与环境"的理念,要求企业开展职业健康安全管理改善活动及环境管理改善活动,预防职业健康安全事故及环境事故的出现是具有前瞻性的,是契合广大企业的需求的。

11.2 开展安全与环境改善活动的目的

开展职业健康安全管理改善活动及环境管理改善活动的目的就是,在企业中,对影响职业健康安全与环境的因素进行识别与管控,以预防职业健康安全事故与环境灾害问题的发生,将职业健康安全管理与环境管理,从传统的以事后处理事故和灾害为主的管理方式,转变为以事前预防事故和灾害为主的管理方式。开展职业健康安全管理改善活动的终极目标是零事故,开展环境管理改善活动的终极目标是零灾害。

11.3 如何开展安全与环境改善活动

11.3.1 管理体系的内容

GB/T 45001—2020《职业健康安全管理体系 要求及使用指南》(ISO 45001:2018,IDT[⊖])包括以下10个方面的内容:

1)范围。

⊖ IDT(Identical)表示等同采用标准。

2)规范性引用文件。

3)术语和定义。

4)组织所处的环境。

5)领导作用和工作人员参与。

6)策划。

7)支持。

8)运行。

9)绩效评价。

10)改进。

GB/T 24001—2016《环境管理体系 要求及使用指南》(ISO 14001:2015,IDT)包括以下 10 个方面的内容:

1)范围。

2)规范性引用文件。

3)术语和定义。

4)组织所处的环境。

5)领导作用。

6)策划。

7)支持。

8)运行。

9)绩效评价。

10)改进。

11.3.2 建立管理体系的步骤

企业建立符合 GB/T 45001—2020《职业健康安全管理体系 要求及使用指南》的职业健康安全管理体系并获得体系认证证书,建立符合 GB/T 24001—2016《环境管理体系 要求及使用指南》的环境管理体系并获得体系认证证书,二者的工作步骤是一样的,工作步骤简述如下:

1)现场诊断调研。现场了解企业职业健康安全管理或环境管理的现状。

2)现场诊断调研报告的编写。

3)召开体系建设项目启动会。

4）体系文件的建立、修改及审批。
5）体系文件发布并试运行。
6）内审员培训。培训企业的内审员并颁发内审员证书。
7）内部审核阶段。企业对管理体系的试运行情况进行内部审核。
8）管理评审阶段。企业对管理体系的试运行情况进行管理评审。
9）认证申请。向认证审核机构提出认证审核的申请。
10）第一次认证审核。认证审核机构对企业进行第一次现场审核。
11）企业对不符合项进行整改。
12）第二次认证审核。认证审核机构对企业进行第二次现场审核。
13）颁发体系认证证书。认证审核机构向企业颁发体系认证证书。

11.4 开展安全与环境改善活动的案例

下面介绍深圳××公司通过推行 TPM 开展安全与环境改善活动，使安全与环境管理得到提升的过程。

11.4.1 企业简介

深圳××公司简介参见"4.4.1 企业简介"。

11.4.2 开展安全与环境改善活动的背景

深圳××公司在导入 TPM 开展安全与环境改善活动之前，车间的环境、员工的安全生产意识等方面均存在有待改善的方面，简述如下：

（1）车间高温及噪声大

深圳××公司的注塑车间存在高温、噪声大等环境问题，并且每年都会有工伤事故发生。车间温度偏高，是注塑行业车间普遍存在的现象，因为注塑机要给塑料颗粒加热融化，这期间会产生大量的热量散发到车间里面，如果不采取散热措施，尤其是在夏天，车间的温度偏高，工人在这样高温的环境中工作会出现生产效率低下、安全事故发生的现象。

（2）员工安全生产意识不足

员工安全生产意识不足，存在较大的安全隐患。安全管理主要管的是人的不安全行为和物的不安全因素。员工安全生产意识不足就属于人的不安全行为的一种，必须要对员工加强教育、培训、宣导，增强员工的安全生产意识。

（3）公司食堂的卫生状况不好

公司食堂的卫生状况不好，这一直是部分员工感到不满意的地方，也是员工经常投诉的焦点。

（4）员工对环保知识了解较少

员工对环保知识了解较少，曾经出现过将废旧的机油、润滑油随便倾倒进工厂下水道的情况。

所以，深圳××公司决定导入 TPM，开展安全与环境的改善活动，降低安全与环境的风险。

11.4.3　活动的目的

1）使 GB/T 33000—2016《企业安全生产标准化基本规范》在深圳××公司落地实施，消除制造现场的安全隐患，预防工伤事故发生。GB/T 33000—2016《企业安全生产标准化基本规范》中"5　核心内容"的条款名称见表 11-1。

表 11-1　《企业安全生产标准化基本规范》中"5　核心内容"的条款名称

一级目录		二级目录	
条款编号	条款名称	条款编号	条款名称
5.1	目标职责	5.1.1	目标
		5.1.2	机构和职责
		5.1.3	全员参与
		5.1.4	安全生产投入
		5.1.5	安全文化建设
		5.1.6	安全生产信息化建设
5.2	制度化管理	5.2.1	法规标准识别
		5.2.2	规章制度
		5.2.3	操作规程
		5.2.4	文档管理

(续)

一级目录		二级目录	
条款编号	条款名称	条款编号	条款名称
5.3	教育培训	5.3.1	教育培训管理
		5.3.2	人员教育培训
5.4	现场管理	5.4.1	设备设施管理
		5.4.2	作业安全
		5.4.3	职业健康
		5.4.4	警示标志
5.5	安全风险管控及隐患排查治理	5.5.1	安全风险管理
		5.5.2	重大危险源辨识和管理
		5.5.3	隐患排查治理
		5.5.4	预测预警
5.6	应急管理	5.6.1	应急准备
		5.6.2	应急处置
		5.6.3	应急评估
5.7	事故查处	5.7.1	报告
		5.7.2	调查和处理
		5.7.3	管理
5.8	持续改进	5.8.1	绩效评定
		5.8.2	持续改进

2）为员工提供安全的饮食，保证员工的身体健康。

3）与推行 ISO 14001 环境管理体系认证相结合，持续改善公司内的环境，节能降耗，减少污染。

11.4.4 活动的指标与目标

开展安全与环境改善活动的指标与目标见表 11-2。

表 11-2 开展安全与环境改善活动的指标与目标

序号	指标	2018 年	2019 年目标
1	重大工伤事故	1	0
2	一般工伤事故	4	0

(续)

序号	指标	2018年	2019年目标
3	健康体检参与率	98%	100%
4	厂内工作噪声值（dB）	83	80
5	建立环境管理体系	—	获得ISO 14001环境管理体系认证证书

11.4.5 活动的计划

2019年，深圳××公司开展安全与环境改善的活动计划见表11-3。

表11-3 活动计划

序号	工作内容	1月	2月	3月	4月	5月	6月	7月	8月	9月	10月	11月	12月
1	GB/T 33000—2016《企业安全生产标准化基本规范》的培训及落地实施	△	△	△	△	△	△	△	△	△	△	△	△
2	ISO 14001环境管理体系的培训及获得认证证书	△	△	△	△	△	△	△	△	△	△	△	△
3	安全专题知识宣导	△											
4	工厂车间伤害源头分析及防护技能		△										
5	灾害专题宣导及教育	△											
6	消防灾害演习			△					△				
7	安全隐患的排查与消除	△	△	△	△	△	△	△	△	△	△	△	△
8	员工健康体检（分批次进行体检）	△	△	△	△	△	△	△	△	△	△	△	△
9	食堂饮食安全检查	△	△	△	△	△	△	△	△	△	△	△	△
10	噪声监测与改善	△	△	△	△	△	△	△	△	△	△	△	△

11.4.6 活动的内容

2019年，深圳××公司开展的安全与环境改善活动分为四大部分，简述如下：

（1）建立活动的组织架构

为开展安全与环境改善活动而建立的组织架构如图 11-2 所示。

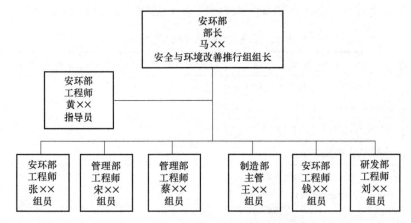

图 11-2　安全与环境改善活动的组织架构

安全与环境改善活动组织架构中的各岗位职责见表 11-4。

表 11-4　组织架构中的各岗位职责

序号	岗位名称	职责
1	安环部（部长，马××，安全与环境改善推行组组长）	统筹安全与环境改善推行组的工作，制定推行的指标与目标，协调公司的人、财、物资源，确保项目推行成功
2	安环部（工程师，黄××，指导员）	负责安全与环境改善项目的推行方案策划，项目实施咨询指导；负责召开月度项目例会
3	安环部（工程师，张××，组员）	负责 GB/T 33000—2016《企业安全生产标准化基本规范》的落地实施指导，安全管理知识教育培训，组织消防演练
4	管理部（工程师，宋××，组员）	食堂饮食卫生检查，节能降耗活动数据收集
5	管理部（工程师，蔡××，组员）	安全隐患巡查，追踪改善效果，制作工伤案例宣传片
6	制造部（主管，王××，组员）	安全隐患巡查，追踪改善效果，制作工伤案例宣传片
7	安环部（工程师，钱××，组员）	负责围绕获得 ISO 14001 环境管理体系认证开展工作，环境管理知识教育培训，节能环保知识宣传，组织灾害演练
8	研发部（工程师，刘××，组员）	负责安全风险分布图的绘制、会议记录等

（2）开展"三零"活动

安全与环境的"三零"是指"重大工伤件数为零""一般工伤件数为零""环

境灾害事故为零"。深圳××公司开展"三零"活动主要做了以下两个方面的工作：

1）安全教育训练。开展提升人员安全意识的宣传、培训活动，见表11-5。

表11-5 安全教育训练的工作内容

序号	工 作 内 容	应参加人数（人）	实际参加人数（人）	比例
1	对所有新入职员工进行"三级"（公司级、车间级、班组级）安全培训教育	157	157	100%
2	对所有在职员工进行安全教育	737	737	100%
3	设计安装安全生产看板11块	—	—	—
4	建立安全实训教室，让新入职员工及在职员工接受安全实操培训	737	737	100%
5	消防逃生演练2次（每半年一次）	737	737	100%

安全生产看板如图11-3所示。

习惯性违章看板			
违章内容	可能导致的事故	正确的操作方法	违章记录
进行电器维修时，使用不绝缘的工器具	触电	进行电器维修时，必须使用绝缘的工器具	
高空作业随意抛掷工器具	人员及设备安全事故	高空作业严禁抛掷工器具	
检修时，不关闭天然气、压缩空气等的阀门	爆炸	检修天然气管道、压缩空气管道时，必须先关闭阀门	
现场作业袖口未扎紧	人身伤害	作业时，袖口必须扎紧	
使用砂轮机、磨光机，不佩戴眼镜、手套等防护用品	人身伤害	作业时，必须佩戴眼镜、手套等劳保用品	
现场作业，氧气瓶、乙炔瓶之间的安全距离不够	爆炸	氧气瓶、乙炔瓶之间必须保持5m以上安全距离	

图11-3 安全生产看板

2）围绕"三零"开展改善活动。围绕"三零"开展的改善活动见表11-6。

表 11-6 开展"三零"活动所做的工作

序 号	所做的工作
1	依据深圳××公司安全管理的实际情况,设计深圳××公司通过实施 GB/T 33000—2016《企业安全生产标准化基本规范》建立的安全管理体系模型
2	按照 GB/T 33000—2016《企业安全生产标准化基本规范》的要求,建立安全管理的方针目标、机构职责、流程、制度及表单并予以落地实施,汇集所有落地实施资料,形成安全管理体系手册
3	开展消除现场工伤伤害的专项治理活动,杜绝重大工伤事故的发生
4	排查并清除现场安全隐患,杜绝一般工伤事故的发生
5	开展有毒有害物质排放的改善活动,杜绝环境灾害事故的发生。例如,应用光催化氧化除臭技术,对原来直接排放到空气中的废气、臭气进行处理,使废气、臭气得到净化后再排放

深圳××公司安全管理体系模型如图 11-4 所示。汇集所有落地实施资料形成的安全管理体系手册如图 11-5 所示。清除现场安全隐患如图 11-6 所示。使用的光催化氧化除臭设备如图 11-7 所示。

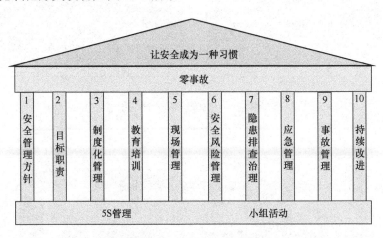

图 11-4 深圳××公司安全管理体系模型

(3) 确保员工身体健康

在确保员工身体健康的活动中,所做的工作见表 11-7。

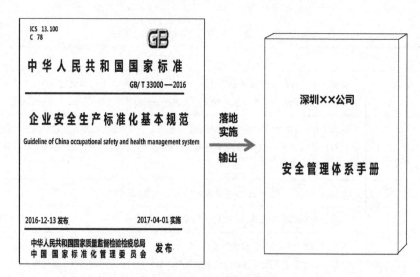

图 11-5　安全管理体系手册

a) 改善前

b) 改善后

图 11-6　清除现场安全隐患

图 11-7　使用的光催化氧化除臭设备

表11-7 确保员工身体健康所做的工作

序号	所做的工作
1	制作安全管理看板及健康管理看板，向员工宣传有关安全与健康有关的知识
2	在车间安装空调，降低车间环境的温度，如图11-8所示
3	安排员工进行一年一次的体检，体检参与率为100%
4	食堂提供健康、卫生的饮食，饮食卫生检查达标

图11-8 为车间安装空调降温

（4）增强员工环保意识

在增强员工环保意识的活动中，所做的工作见表11-8。

表11-8 增强员工环保意识所做的工作

序号	所做的工作
1	与推行ISO 14001环境管理体系认证相结合，进行环境监测，如监测有害气体排放、有害液体排放等
2	重点监测车间噪声，采取措施进行改善并使之达标
3	开展节省能源的活动，用电量下降2%。比如，通过使用变频调速技术，降低低压铸造机液压站的电能消耗。低压铸造机液压站的液压泵电动机，节能改造前使用的是三相异步电动机，如图11-9所示。节能改造时采用变频调速技术，液压泵电动机改为使用变频调速器控制的变频调速电动机，有效地降低了液压站的电能消耗。图11-10是液压站节能改造完成后所采用的变频调速器及变频调速电动机

图 11-9 液压站节能改造前液压泵电动机使用三相异步电动机

a) 变频调速器　　　　　　b) 变频调速电动机

图 11-10 液压站节能改造完成后所采用的变频调速器及变频调速电动机

11.4.7 活动的成果

深圳××公司的各个部门通过开展一系列安全与环境的改善活动取得了显著的成果，见表 11-9。

表 11-9 活动成果

序号	指标	2018年	2019年目标	实际完成	结果
1	重大工伤事故	1	0	0	已达标
2	一般工伤事故	4	0	0	已达标
3	健康体检参与率	98%	100%	100%	已达标
4	厂内工作噪声值（dB）	83	80	80	已达标
5	建立环境管理体系	—	获得ISO 14001环境管理体系认证证书	已完成	已完成

参考文献

[1] 刘大永. 图解全面闭环化生产维护[M]. 北京：人民邮电出版社，2020.

[2] 全国风险管理标准化技术委员会. 风险管理　风险评估技术：GB/T 27921—2011[S]. 北京：中国标准出版社，2011.

[3] 全国风险管理标准化技术委员会. 风险管理　原则与实施指南：GB/T 24353—2009[S]. 北京：中国标准出版社，2009.

[4] 高福成. TPM 全面生产维护推进实务[M]. 北京：机械工业出版社，2009.

[5] 刘大永. ISO 55001：2014 资产管理体系标准解读与实施[M]. 北京：企业管理出版社，2020.